La Torche Resplendissante

Ou

Torche Numéro 12

Rév. Renaut Pierre-Louis

Pour toutes informations regardant nos ouvrages et vos brochures évangéliques, adressez-vous à :

Peniel Southside Baptist Church
P.O. Box 100323
Fort Lauderdale, Fl 33310
Phone: 954-242-8271
954-525-2413
Fax: 954-623-7511
Website: www.penielbaptist.org
Website: www.theburningtorch.net
E-mail: renaut@theburningtorch.net
E-mail: renaut_cyrille@hotmail.com

Copyright © 2015 by Renaut Pierre-Louis
Tous droits réservés @ Rév. Renaut Pierre-Louis

Attention : Il est illégal de reproduire ce livre en tout ou en partie sous quelque forme ou par quelque procédé que ce soit, électronique mécanique, photographique, sonore, magnétique ou autre, sans avoir obtenu, au préalable, l'autorisation écrite de l'auteur.

Les ouvrages dans les trois langues française, anglaise et créole, sont aussi disponibles chez :

Morija Book Store:
1387 Flatbush Ave   Brooklyn, N.Y. 11210

Phone: 718-282-9997

Michel Joseph:
192-21   118 Rd   St Albans, N.Y. 11412
Phone: 917-853-6481   718-949-0015

Rév. Julio Brutus:
P.O. Box. 7612   Winter Haven, FL 33883
Phone: 863-299-3314 ; 863-401-8449

Rev. Edouard Georcinvil
725 NE 179th Terr N. Miami Bch, FL 33162
Phone: 305-493-2125

Rév. Evans Jules:
Eglise Baptiste Bethel
5780 W. Atlantic Ave   Delray Beach Fl 33444
561-452-8273   561-266-5957

Iliana Dieujuste
2432 Indian Bluff Dr   Dracula, GA 30019
Phone: 954-773-6572

Avant-propos

Je m'adresse aujourd'hui aux partisans de «La Guérison Divine» dont la conviction se dresse contre l'usage de tout médicament. Je ne veux nullement les heurter dans leur croyance basée, évidemment sur leur foi en Jésus-Christ. En effet, la prière n'a pas de limite. Toutefois, nous devons admettre, que dans certains domaines, l'homme a besoin d'une seconde opinion. Partant, il est sage qu'il prête l'oreille à quelqu'un qui s'offre de bonne foi pour le guider.

Rappelez-vous de cet adage[1] : «Le médecin soigne, mais Dieu guérit. Par conséquent, toutes les guérisons sont divines.

D'ailleurs, L'Eternel a employé diverses méthodes pour opérer des guérisons. En guise d'exemples,

« Il produit les feuilles des arbres pour nous servir de remède ». Ezéchiel 47 :12

Il prescrit un cataplasme [2] à Ezéchias pour vaincre ses ulcères. Esaie. 38 :21

Jésus applique de la boue sur les yeux d'un aveugle et sa salive sur les yeux d'un autre pour leur rendre la vue. Mc.8 :23 ; Jn.9 :6

Les exemples sont nombreux. De préférence, entrons avec Dieu dans ses différentes salles d'opération pour assister à ses actes de guérisons divines.

Rev. Renaut Pierre-Louis

---

[1] Adage n.m. Maxime ancienne empruntée au droit coutumier ou écrit

[2] Cataplasme n.m. Préparation de la consistance d'une bouillie que l'on appliquait autrefois entre deux linges, sur une partie du corps pour combattre une inflammation.

Leçon 1 L'origine de la guérison divine

Versets de préparation : Ge.2 :20-25
Versets à lire en classe : Ge.2 :20-25
Verset à mémoriser: L'Eternel Dieu forma une femme de la côte qu'il avait prise de l'homme, et il l'amena vers l'homme. Ge. 2 :22
Méthodes : Discours, questions
But de la leçon : Présenter l'hôpital comme une institution obligatoire dans le maintien de la santé.

Introduction
Il est un fait que tout œuvre humaine aura besoin, à la longue, d'entretien. J'en cite les routes, les maisons, les véhicules, et pourquoi pas l'homme sorti de la main de Dieu? Voyons comment il établit son service d'entretien.

I. Il bâtit un hôpital dans le jardin d'Eden.
Je m'explique :
Il le bâtit « à sa manière » pour les opérations suivantes :
Il mit Adam sous l'effet d'une anesthésie générale en vue d'une intervention chirurgicale. Il lui enleva une de ses côtes, et referma la chair à sa place. Ge.2 :21

II. De cette côte, il va former un autre être.
Ce sera Eve, la première femme. Ge.3 :20
Entrons donc dans le centre de maternité pour assister à la formation de la femme :
1. Comme orthopédiste, Dieu prépare le squelette.

2. Comme neurologue, il articule tous les conduits ou veines et artères.
3. Comme médecin interniste, il met en place tout le système cardiovasculaire.
4. Comme otorhinolaryngologiste et oculiste, Il y met les cinq sens, savoir : l'ouïe, la vue, l'odorat, le goût et le toucher. On doit y ajouter l'intuition[3], ce sens plus aigu chez la femme.
5. Il l'arrange de manière à la rendre souple, élégante, de manière à susciter l'envie chez l'homme.
6. Mais il doit se dépêcher pour la faire fonctionner car Adam pourra s'impatienter dans la salle de récupération. Finalement, Il mit son souffle en elle pour l'actionner. C'est à ce moment qu'il juge nécessaire de la présenter à l'homme. Ge. 2 :22
7. Effectivement, la première et la seule personne à laisser la salle d'attente pour venir saluer Adam, était Eve, la belle visiteuse. Il l'aima et dès lors toutes ses douleurs étaient calmées. Ge.2 :23

Conclusion

Ainsi une opération sur Adam pour « fabriquer » une femme, est une intervention divine. Même si vous êtes aux soins des plus grands médecins du monde, on dira toujours: « Le médecin traite, mais Dieu guérit». Mon ami, ne sous-estimez plus la compétence des médecins, mais respectez l'expertise de l'Eternel Dieu.

---

[3] Intuition n.f. Perception immédiate de la vérité sans l'aide du raisonnement.

Questions

1. Que faut-il faire pour entretenir les maisons, les routes et les automobiles ? Un service d'entretien
2. Qu'est-ce que Dieu prévoit au départ pour maintenir la santé de l'homme ? Un hôpital
3. Comment eut lieu la première opération ? Dieu mit Adam sous l'effet d'une anesthésie générale pour lui enlever une côte.
5. Qu'en fit-il ? Il en «fabriqua» Eve.
6. Comment appeler l'opération sur Adam ? Une opération divine
7. Qui était la première personne à visiter Adam dans la salle de récupération ? Eve
7. Vrai ou faux
   a. Adam n'était pas conscient lors de l'opération _ V _ F
   b. Dieu donne à Adam cette femme pour l'essayer en attendant une autre. _ V_ F
   c. Adam aima celle que Dieu lui a donnée. __ V __F

Leçon 2 Le principe de guérison divine

Versets de préparation: Ge.1 :29 ; 3 : 9-19 ; 5 :20, 27; 6 :1-3 ; Es.47 :12
Versets à lire en classe : Ge.3 :9-19
Verset à mémoriser : Leurs fruits serviront de nourriture et leurs feuilles de remède. **Ez.47 :12b**
Méthodes : discours, questions
But de la leçon : Présenter les maladies comme l'une des raisons déterminantes pour le développement de la science médicale.

Introduction
Nous parlons du principe de guérison divine. D'où vient ce principe? Adam et Eve étaient-ils des malades pour recevoir des soins médicaux? Voyons la condition de l'homme sur la planète.

I. Sa condition avant le péché
1. Adam était l'homme des cavernes[4], soumis à une diète végétarienne. Il devait se nourrir de toute herbe portant de la semence. Il n'avait ni réchaud à gaz, ni four électrique. Ge.1 :29
2. Etant très près de la nature, il vivait longtemps. Un Jered vivait neuf cent soixante-deux ans, un Metuschelah neuf cent soixante-neuf ans, le temps de peupler toute une ville. Ge.5 :20, 27

---

[4] Caverne n.f. Grotte

II. Sa condition après le péché
1. Dieu limite ses jours. Ge.6 : 3
   a. Il le condamne à la souffrance, à la maladie et à la mort. Ge.3 : 16,19
   b. En principe, l'homme doit souffrir pour ce qu'il veut obtenir. Voilà pourquoi il commence à souffrir pour la femme depuis le jardin d'Eden. Il peut souffrir d'elle et pour elle, et vice-versa.
   c. C'est l'une des causes de tension, de violence et de toutes sortes de souffrances.
   d. L'homme souffre maintenant de toutes les maladies. D'où la nécessité d'avoir des médecins et des médicaments pour apaiser ses douleurs et ralentir ainsi la course vers la mort.
   e. La guérison divine ici participe[5] de la miséricorde de Dieu qui dispose des fruits destinés à nourrir l'homme et les feuilles des arbres pour lui servir de remède. Ez. 47 : 12b
   f. Voilà elle fait partie du programme de Jésus-Christ. Nos infirmités et nos maladies justifient son expertise pour les cas impossibles. Mt.8 : 16-17

Conclusion
Si vous voulez que les feuilles aient toutes leurs propriétés thérapeutiques, reconnaissez qu'elles viennent de Dieu. Votre prière de foi libèrera leurs vertus en vue de votre guérison.

---

[5] Participer de qqch. En présenter certains caractères

Questions

1. Combien de temps l'homme vivait-il avant sa chute? Probablement de nombreuses années.
2. De quoi vivait-il alors ? De toute herbe portant de la semence.
3. Où vivait-il en ce temps-là ? Dans les cavernes.
4. Quel était son sort après le péché?
   Il était condamné à la souffrance, aux tentations, à la maladie et à la mort.
5. Que lui fallait-il pour survivre ?
   Des soins hospitaliers
6. Qui était son premier médecin ? Dieu
7. Comment appelle-t-on une guérison qui vient de Dieu? Guérison divine
8. Vrai ou faux
   a. Jésus prescrivait des pilules à ses patients
      _ V_ F
   b. Il leur donnait rendez-vous pour la prochaine fois _ V _ F
   c. Il renvoyait les cas de maladies incurables. _V_ F
   d. Il guérissait toutes sortes de maladies.
      _ V _ F

Leçon 3 Le processus[6] de la guérison divine

Versets de préparation : Job.1 :11-19 ; 2 :7,9 ; 8 :2, 20 ; 15 :5-6 ; 19 : 17, 25 ; 42 :1-17 ; Es.58 :8
Versets à lire en classe : Job.42 :1-10
Verset à mémoriser : Mon oreille avait entendu parler de toi ; Mais maintenant mon œil t'a vu. C'est pourquoi je me condamne et je me repens sur la poussière et sur la cendre. Job.42 :5-6
Méthodes
But de la leçon : Montrer comment on peut être guéri des troubles psychosomatiques.

Introduction
Certaines maladies nous atteignent quand notre état d'âme agit sur notre état physique. On les appelle «troubles psychosomatiques». Notre nouveau patient est Job, l'homme d'Ut en Chaldée. Job.1 :1

I. **Comment décrire les malheurs de Job ?**
   1. Des calamités[7] imprévisibles tombèrent sur lui coup sur coup : Il perdit tous ses enfants et toute sa richesse. Job.1 : 11-19
   2. De faux amis sont venus pour le consoler. Ils voulurent le persuader[8] de sa culpabilité[9]. C'était pour eux la cause de tant de pertes. Ne voulant pas fléchir devant leur raisonnement, Job devait subir alors leur]s tortures verbales.
   Job.8 : 2, 20 ; 15 :5-6

---

[6] Processus n.m. Marche, développement
[7] Calamité n.f. Catastrophe, désastre
[8] Persuader v.t. Convaincre
[9] Culpabilité n.f. Etat d'une personne coupable

3. Sa douleur donc ne fit qu'empirer. Il était frappé d'un ulcère malin, conséquence à n'en pas douter, de l'émotion qui le gagnait et de la confusion dont il était accablé. Job.2 :7
4. Maintenant qu'il est pauvre, sa commence à le faire souffrir. Job.2 :9 ; 19 :17

II. Quelle était la durée de tous ces malheurs?
1. Le temps perdu à se justifier devant ses faux amis. Job. 12 :3
2. Son retard à affirmer la bonté et la miséricorde de Dieu. Job.19 :25

III. Quand et comment fut-il réhabilité ?
1. Quand il se disposait à écouter Dieu.   Job Chapitre 38 jusqu'au chapitre. 41
2. Quand il s'est humilié devant lui.
3. Quand il a pu découvrir que Satan a utilisé ces amis hypocrites pour le faire souffrir.
4. Quand il arrive à comprendre que Dieu a voulu le former par la souffrance.Job.42 : 6
5. Quand il a pu faire une expérience personnelle avec Dieu. Job. 42 :5-6
   a. Alors Dieu blâma ses faux consolateurs. Job. 42 :7
   b. Il leur ordonna d'aller trouver Job pour lui faire des excuses. Job.42 : 7-9
   c. Quand Job leur pardonnait, Dieu le guérit et le rétablit dans son premier état. Job.42 : 10
   d. Il lui accorda des richesses au double de tout ce qu'il avait possédé.
   Comparez. Job. 1 : 2-3 à 42 : 10-12

e. Dieu avait recueilli ses premiers enfants. Il lui fit encore don de sept fils et trois filles reconnues comme les reines mondiales de beauté de l'époque.

A sa guérison divine, Dieu lui ajouta cent quarante années de vie pour qu'il jouisse de ses biens et qu'il voie sa progéniture jusqu'à la quatrième génération. Quelle grâce! Job.42 : 16-17

Conclusion
Si voulez vivre longtemps et vous libérer de certaines maladies, humiliez-vous devant Dieu. « Ta guérison germera promptement ». Es. 58 : 8

Questions
1. Qu'appelle-ton « troubles psychosomatiques » ?
Les troubles de l'âme qui affectent le corps
2. Quelles étaient les causes des ulcères de Job?
   a. Les malheurs successifs qui le frappaient.
   b. Le harassement de ses faux amis.
   c. La mauvaise humeur de sa femme.
3. Combien de temps a duré les souffrances Job?
Le temps perdu à discuter avec ses faux amis.
4. Quand ses souffrances ont-elles cessé ?
   a. Quand il a vu Dieu face à face
   b. Quand il s'est humilié devant lui et qu'il a pardonné à ses faux amis.
5. Quel était pour lui le profit de ses souffrances?
   a. Dieu l'a rétabli dans son premier état.
   b. Il l'a rendu deux fois plus riche.
   c. Il lui accorda une longue vie pour jouir de ses biens.

Leçon 4 Une guérison divine téléguidée[10]

Versets de préparation : 2R.5 : 1-27
Versets à lire en classe : 2R.5 :8-14
Verset à mémoriser : Lorsqu'Elisée, homme de Dieu apprit que le roi d'Israël avait déchiré ses vêtements, il envoya dire au roi: «Pourquoi as-tu déchiré tes vêtements. Laissez-le venir à moi, et il saura qu'il y a un prophète en Israël». 2Ro. 5 :8
Méthodes : Discours, comparaisons, questions
But de la leçon : Mettre en évidence l'autorité d'un homme de Dieu pour guérir à distance.

Introduction
Toutes les entreprises multinationales ont leurs succursales à travers le monde. Elles sont représentées par des démarcheurs[11] autorisés pour vanter leurs produits. L'Eternel Dieu en a les siens sur toute la planète. Dans l'Ancien Testament, on les appelait prophètes ou voyants avec un pouvoir illimité. Introduisons notre nouveau patient.

I. **Il s'appelle Naaman. Qui était-il ?**
   1. C'était le commandant de l'armée syrienne. Son habilité incomparable dans l'art de la guerre l'a promu à ce poste. 2R. 5 :1
   2. Il était lépreux. Cet handicap l'empêchait d'avoir une présentation prestigieuse en public. 2R.5 :1

---

[10] Téléguidé adj. Influencé à distance
[11] Démarcheur n.m. Personne qui sollicite la clientèle à domicile ou par téléphone

3. Il consultait en vain les dieux syriens puisque ce mal est incurable.

II. **Comment en fut-il guéri ?**
1. Sur le conseil de sa jeune servante juive, il alla consulter le prophète de l'Eternel en Israël. 2R.5 :2-4
2. Par erreur, le roi de Syrie le recommanda au roi d'Israël. En lisant la lettre, celui-ci en fut profondément vexé. 2R.5 :6-7
3. Lorsque l'homme de Dieu apprit la nouvelle, il revendiqua le droit de guérir Naaman pour que tous sachent qu'il y a un prophète en Israël. 2R.5 :8
4. Le prophète Elisée ne se présentait même pas à Naaman. Dieu a fait de lui un dermatologue pour guérir à distance. Il fit donc dire au lépreux d'aller seulement se plonger sept fois dans les eaux du Jourdain pour être guéri de sa lèpre. Mais cette eau était sale ! 2R.5 : 10
5. Naaman était fâché en recevant cette prescription. Pourtant, c'est dans cette eau sale que sa peau redevint pure ! 2R.5 : 14

III. **Combien doit-il au prophète?**
Naaman pressa le pressa d'accepter une somme fabuleuse[12] pour sa guérison. L'homme de Dieu la refusa pour le maintien de sa dignité et pour attribuer toute la gloire à Dieu. 2R. 5 : 16

---

[12] Fabuleux. Adj. Extraordinaire

Conclusion
La guérison de Naaman était simplement une opération divine téléguidée. Dès aujourd'hui, si un malade ne vous est pas accessible, opérez la guérison à distance en utilisant le sang de Jésus comme courriel céleste. Vous m'en donnerez des nouvelles.

Questions

1. Qui étaient les prophètes d'autrefois?
   Des représentants de Dieu auprès du peuple.
2. Que savez-vous de Naaman ?
   a. Il était le chef de l'armée syrienne
   b. Il jouissait d'une grande considération de son roi
   c. Il était lépreux.
3. Comment a-t-il pu être guéri de son mal ?
   a. Sur le conseil de sa servante juive, il est allé voir le prophète de l'Eternel.
   b. Il accepta de se plonger sept fois dans le Jourdain
   c. Sa chair redevint saine.
4. Comment peut-on appeler cette guérison?
   Une opération téléguidée.
5. Quel était le nom du prophète ? Elisée.
6. Où avait-il étudié la Dermatologie?
   Dieu lui accordait le pouvoir de guérison divine.
7. Combien avait-il accepté pour son service?
   Absolument rien

Leçon 5 La guérison divine de l'aveugle-né, prix d'un acte de foi

Versets de préparation : Ex.20 : 5 ; Es.58 : 7 ; Lu.4 : 19 ; Jn.8 : 9-12 ; 9 :1- 41
Versets à lire en classe : Jn.9 :1-7
Verset à mémoriser : Après cela, il cracha à terre, et fit de la boue avec sa salive ; Puis il appliqua cette boue sur les yeux de l'aveugle, et lui dit : Va et lave-toi au réservoir de Siloé. Jn.9 : 6-7a
Méthodes : Discours, comparaisons, questions
But de la leçon : Présenter le cas d'une guérison divine avec la participation d'un élément matériel.

Introduction
La miséricorde de Dieu ne sollicite pas notre participation. Il en est autrement de sa grâce. Il nous faut appliquer notre foi. Nous allons le démontrer dans le cas de l'aveugle-né.

I. Quelle était sa condition ?
Il était né aveugle et condamné à vivre de la mendicité. Jn.9 : 1,8

II. Quelle était sa nouvelle situation ?
1. Le passage de Jésus dans la zone suffisait à changer sa condition. Jn.9 : 1
2. Voyez ici le Jésus médecin venu pour le salut de tous les hommes. Il avait une seule sonde
   a. pour fouiller la conscience des pharisiens et celle de la femme adultère. Jn.8 : 9-11
   b. pour ouvrir les yeux d'un aveugle. Jn.9 : 5-6
   Cette sonde s'appelle «La lumière du monde». Jn.8 :12

III. **Les inconvénients à cette guérison**
   A) Du côté des disciples
   1. Ils croyaient que cet homme mérite son sort car d'après la loi, la malédiction des parents vous poursuivra jusqu'à la quatrième génération. Ex.20:5 Soit!
   2. Mais comment l'inculper pour son aveuglement depuis sa naissance? Impossible ! Jn.9 :2
   3. Jésus a redressé leurs erreurs pour trois grandes raisons :
      a. La première c'est qu'on doit se garder de juger les autres dans leur malheur. Es.58 :7
      b. La deuxième c'est que ce cas figure dans son plan d'action. Lu.4 :19
      c. La troisième c'est qu'il se dit : «La lumière du monde»; il devait le prouver. Jn.8 :12

   B) **Du côté de l'aveugle**
   1. Jésus lui a accordé une guérison divine en lui appliquant de la boue faite avec sa salive. Jn.9 : 6
   2. Il devait l'achever par la participation de sa foi en acceptant d'aller se laver au réservoir de Siloé. Jn.9 :6-7
   3. Dès lors, il prit Jésus pour un prophète. Jn.9 :17
   4. Le traitement se fait donc en deux temps comme il en est aujourd'hui dans la médecine moderne.
   C) Du côté du public :
   Sa guérison était contestée

1. Parce que les pharisiens auraient préféré qu'il restât aveugle toute sa vie au lieu d'être guéri le jour du Sabbat. Jn.9 :16
2. Parce qu'ils ignoraient la notoriété divine de Jésus-Christ. Il l'appelle «un homme», «un pécheur». Jn.9 : 16, 24
3. Ils avaient même décidé d'excommunier ses parents s'ils osent accepter Jésus comme sauveur. Jn.9 : 21-22

Conclusion

Puisque cette guérison vient de Jésus, elle est divine. A votre tour, faites agir votre foi.

Questions

1. Comment la miséricorde de Dieu s'opère-t-elle? Elle s'opère sans notre participation.
3. Comment les disciples comprenaient-ils le sort de l'aveugle? Il porte la malédiction de ses parents.
4. Comment Jésus réagi t'il devant ce cas?
   a. On doit se garder de juger les autres dans leur malheur.
   b. Ce cas entre dans son plan d'action.
   c. Il doit prouver qu'il est la lumière du monde.
5. Pourquoi Jésus ne guérit-il pas d'un coup les yeux de l'aveugle ? Il doit coopérer avec sa foi
6. Qu'est ce qui importe aux pharisiens ? Que l'homme reste aveugle au lieu d'être guéri le jour du Sabbat.
7. Qu'avaient-ils décidé en conséquence ? D'excommunier ses parents s'ils osent attribuer la guérison de leur fils à Jésus.

Leçon 6 La guérison divine, prix d'un acte d'obéissance

Versets de préparation : Mc.8 :22-26 ; Jn.9 :1-7
Versets à lire en classe : Mc.8 :22-26
Verset à mémoriser : Jésus lui mit de nouveau les mains sur les yeux, et, quand l'aveugle regarda fixement, il fut guéri, et vit tout distinctement. Mc. 8 :25
Méthodes : discours, comparaisons, questions
But de la leçon : démontrer que la foi dans le médecin contribue à la guérison du patient.

Introduction

Voici deux patients souffrants des mêmes maux : ils consultent le même médecin et reçoivent pourtant des traitements différents et des prescriptions différentes. C'est le cas de l'aveugle-né et de l'aveugle de Bethsaïda.

I. **La différence :**
   1. Pour l'aveugle-né
      a. Il reçut la guérison divine sans l'avoir sollicitée. Jn.9 :1
      b. Jésus fit **de la boue** avec sa salive et il l'appliqua sur ses yeux. Jn.9 :6
      c. Il lui recommanda d'aller achever son traitement au réservoir de Siloé. Jn.9 :7
   2. Pour l'aveugle de Bethsaïda
      a. Il était **amené** à Jésus par des tiers. Mc.8 :22
      b. Au premier toucher, Jésus le prit par la main, et le conduisit à l'écart pour une consultation en privé. Mc.8 :23

c. Il lui mit **seulement de la salive** sur les yeux. Mc.8 :23
d. Ensuite, il lui fit un examen à l'oral. Mc.8 :23b
e. Malheureusement, le patient n'a pas réussi: Il aperçut des hommes d'une grosseur démesurée et déformée. Mc.8 :24
f. Au deuxième toucher, Jésus lui demanda de regarder sans distraction. Alors il vit les hommes comme des hommes, les arbres comme des arbres et Jésus comme médecin. Voilà une autre guérison divine. Mc.8 :25
g. Avant de lui signer son exeat, Jésus lui donna une dernière prescription: «N'entrez pas au village». Mc.8 :26 Pourquoi?
h. Les yeux sont des facultés trop délicates qui ne peuvent souffrir d'aucune forte émotion. Une grande joie, une grande tristesse ou une forte colère peuvent les affecter.

Conclusion
Après avoir fait une expérience personnelle avec Jésus, il est recommandé de rejeter certains amis ainsi que certains milieux. Autrement, leurs mauvaises influences peuvent compromettre votre façon de voir et de comprendre l'Evangile.

Questions

1. Etablissez le processus de guérison de l'aveugle de Bethsaida.
   a. Jésus le prit par la main.
   b. Il le conduisit à l'écart loin de la foule.
   c. Il lui applique sa salive sur les yeux.
   d. Il lui fit un examen à l'oral.
2. Quel a été le résultat du premier toucher?
   a. L'aveugle voit les hommes difformes et d'une grosseur démesurée.
   b. Il ne voit pas Jésus qui opère en lui.
3. Que lui demande-t-il avant son deuxième toucher?
   De le regarder fixement
4. Quelle était sa prescription avant l'exeat ?
   De ne pas entrer au village
5. Pourquoi ?
   a. Parce les yeux sont des facultés délicates. Ils ne peuvent souffrir d'aucune émotion forte, soit de joie ou de tristesse.
   b. Les mauvaises influences sont de nature à compromettre leur guérison.

Leçon 7 La guérison divine, prix d'un acte de courage

Versets de préparation : Lu.5 :17-26
Versets à lire en classe : Lu.5 :17-26
Verset à mémoriser : Comme ils ne savaient par où l'introduire, à cause de la foule, ils montèrent sur le toit[13], et ils le descendirent par une ouverture, avec son lit, au milieu de l'assemblée, devant Jésus. Lu.5 : 19
Méthodes : Discours, comparaisons, questions
But de la leçon : Montrer que le courage joint à la volonté vient à bout de toutes les difficultés.

Introduction

Un homme frappé de quadriplégie voulait coûte que coûte, retrouver l'usage de ses membres. Y a-t-il un hôpital spécialisé pour son cas? Aucun en ce temps-là. Cependant, quand la terre ne peut pas, le ciel peut. Son cas sera autrement considéré dans un hôpital. Lequel?

I. Un hôpital pas comme les autres

Jésus tenait sa clinique mobile chez Lui, ce jour-là. Le Saint-Esprit est descendu, non pas avec des médicaments mais avec la guérison pour quelle que soit la maladie. Aussi la maison du Seigneur était-elle inondée de clients. Lu.5 :17

II. L'admission du paralysé

1. Son corps fragile et douloureux était porté sur un brancard par quatre hommes. Toute

---

[13] Toit n.m. Couverture de la maison

négligence dans le transport compromettrait sans délai la vie du patient.
2. Les curieux et les moins malades occupèrent tout l'espace pour l'empêcher de voir Jésus.
3. Voilà pourquoi ses quatre amis gravirent l'escalier du dehors, pratiquèrent un creux dans la toiture et descendirent le malade avec précaution aux pieds de Jésus. Lu.5 :18-19

III. La guérison divine du malade
1. Jésus sauve d'abord son âme. C'était le premier soin d'urgence accordé au malade: «Tes péchés te sont pardonnés.» Son âme était sauvée par la foi. Lu. 5: 20
2. Il guérit ensuite son corps physique et lui donne à l'instant l'exeat. Le patient rentra chez lui avec le brancard en main comme un témoignage de sa guérison divine. Lu.5 : 24

IV. Base de cette guérison divine.
1. Le courage de l'équipe pour surmonter tous les obstacles. Lu.5 :18-20
2. Leur foi mise à l'épreuve pour voir Jésus à tout prix. Ils ont dû défier les situations suivantes:
   a. La moquerie
   b. L'intimidation de la foule
   c. Le découragement
   d. Le risque d'arrestation pour effraction[14] et violation de domicile

---

[14] Effraction n.f Forcement de la toiture

Conclusion

Louons les efforts de nos frères qui nous supportent dans nos détresses sans se soucier des éléments négatifs qui découragent.

Questions

1. Où était la clinique mobile de Jésus?
   Chez Lui
2. Qu'est-ce qu'un quadriplégique
   Un paralysé des quatre membres
3. Qui le portait?
   Une équipe de quatre hommes
4. Quelles étaient leurs démarches pour le sauver?
   Ils enfonçaient la toiture de la maison pour y glisser le malade.
5. Trouvez trois mots pour caractériser leurs démarches:
   L'amour, la foi, le courage
6. Quel était le premier soin du Seigneur accordé au malade?
   « Tes péchés te sont pardonnés.»

Leçon 8 Des guérisons divines d'un autre genre

Versets de préparation : Mc.5 :25-34 ; Lu.7 :1-10 ; Jn.4 :46-54
Versets à lire en classe : Lu.7 :1-10
Verset à mémoriser : Je ne suis pas digne d'aller en personne vers toi. Mais dit un mot, et mon serviteur sera guéri. Lu.7 : 7
Méthodes : Discours, comparaisons, discussions, questions
But de la leçon : Montrer qu'il n'est pas toujours possible d'être auprès d'un malade pour appliquer la guérison. On peut alors demander au ciel d'en faire la livraison à domicile.

Introduction
La médecine moderne prévoit des interventions chirurgicales par internet. Voilà qui est étrange. On doit mettre en œuvre des appareils sophistiqués [15]pour les réaliser. Jésus l'a déjà réalisé depuis 2000 ans. Qui en était les bénéficiaires?

I. **La femme atteinte de dysménorrhée**[16] :
Elle souffrait d'une perte de sang depuis douze ans. Mc.5 :25-34
Son état d'impureté l'aurait exclue de la compagnie des hommes encore plus d'un rabbin juif. Jésus était un rabbin au toucher duquel elle était guérie. Au lieu de la faire lapider, Jésus lui donne le salut et la guérison. Mc.5 :27-33

---

[15] Sophistiqué adj. Perfectionné
[16] Dysménorrhée n.f. Menstruation douloureuse

II. **La guérison du fils de l'officier du roi.**
 1. Cette guérison eut lieu à Capernaüm. Cette opération eut lieu à distance. Jn.4 : 46-54
 2. Aujourd'hui la médecine traite le patient par internet mais ne peut le guérir. Deux-mille ans avant l'internet, sans prescription aucune, sans médicament, Jésus guérit le malade. Beni soit le Seigneur pour cette guérison divine !

III. **La guérison du serviteur du centenier.**
 Le capitaine a réclamé de Jésus une guérison à l'oral, j'aurai dit par la boite vocale (voice-mail). Cette innovation devait attendre 2000 ans pour être rendu public avec la cybernétique, la science des commandes. Jésus l'a félicité pour sa foi. Lu.7 : 1-10

Conclusion

Si les hommes aujourd'hui réparent un ordinateur à distance, à plus forte raison, avec tout le pouvoir que Jésus nous a donné, nous pouvons guérir les malades à distance. Allons-y sans tarder!

Questions

1. Comment s'appelle la science des commandes en vigueur ces jours-ci ? La cybernétique
2. Qui était la première bénéficiaire de la guérison divine par le toucher de Jésus? Une femme atteinte de perte de sang.
3. Qu'est-ce qui lui a valu cette guérison divine ? Sa foi
4. Expliquez :
   Elle risquait d'être lapidée à cause de sa menstruation.
5. Qui a bénéficié de la guérison à distance ?
   Le fils de l'officier du roi.
6. Qu'est-ce que l'homme réalise aujourd'hui en médicine?
   Le traitement par internet.
7. Qui avait bénéficié d'une guérison à l'oral?
   Le serviteur du centenier.
8. Qu'est-ce que Jésus a loué en cet homme?
   Sa foi

Leçon 9 La guérison du démoniaque de Gadara

Versets de préparation : Lev. 11 :7 ; Mc.5 : 1-15 ; Lu.10 :17-18
Versets à lire en classe : Mc.5 :1-13
Verset à mémoriser : Arrêtez, et sachez que je suis Dieu. Je domine sur les nations, je domine sur la terre. Ps.46 :10
Méthodes : discours, discussions, questions
But : Prouver l'autorité de Jésus-Christ sur toutes choses.

Introduction
Certaines maladies, apparemment naturelles, peuvent prendre des proportions anormales, même épouvantables. L'intervention d'un médecin est donc recommandée. Introduisons le nouveau patient. C'est un démoniaque.

I. **Quel était son environnement?**
L'homme en question vivait à Gadara. C'était une colonie grecque établie autour de la mer de Galilée dans l'année 331 AC quand l'empire d'Alexandre Le Grand s'étendait sur Israël. Ses habitants, foncièrement superstitieux, faisaient de l'endroit le Quartier-Général de Satan. Il va sans dire que les païens étaient exposés à toutes les manœuvres du malin.

II. **Quelle était la condition sociale du démoniaque?**
1. Il vivait dans les sépulcres. C'est un mort au point de vue social.

2. Il était possédé d'un esprit impur qui se manifeste par l'action de plusieurs démons. Par contre, il voit tout de travers. Ses paroles étaient de nature à vous blesser mais jamais à vous édifier. Mc.5 : 9
3. A la fin, il devint insupportable.
   a. Personne ne pouvait le lier même avec des chaines. Mc.5 :3-4,9
   b. S'il laisse les sépulcres c'est pour aller sur les montagnes pour crier et se meurtrir avec des pierres. Mc.5 : 5

II. **Comment eut lieu sa guérison divine ?**
   1. C'était un jour où Jésus abordait à Gadara. L'ayant vu de loin, il s'empressa de se prosterner devant lui. Mc. 5: 6
   2. Jésus savait bien que les démons devaient lui être soumis. Mc.5 : 6-7 ; Lu.10 : 17-18
   3. Il menaça l'esprit impur et le chassa. Du coup, la légion de démons est sortie et va posséder les pourceaux du voisinage sur leur demande faite à Jésus.
   4. Ça tombe bien : aux animaux impurs les esprits impurs. Lev.11 :7; Mc.5 : 13
   5. La guérison du possédé était complète et constatée. Mc.5 : 15
   6. Une fois guéri, on retrouva l'homme assis, vêtu et dans son bon sens. Mc.5 :15
   7. Il devint un missionnaire pour aller et témoigner pour Jésus dans dix villes. Mc. 5 : 19-20

Conclusion

Allez-vous attendre de sortir du cimetière de la drogue, de la prison ou des passions de la jeunesse pour venir crier au pied du Seigneur? Jésus vous attend comme vous êtes. Venez maintenant.

Questions

1. Que savez-vous de Gadara?
   a. C'était une colonie grecque en Israël développée sous l'empire mondiale du roi Alexandre Le Grand, dans l'année 331 AC.
   b. Les païens en avaient fait la capitale des démons.
2. Quelle était la condition du démoniaque ?
   a. Il vivait dans les sépulcres et dans les montagnes
   b. Il était possédé d'un esprit impur
   c. Aucune chaine ne pouvait le lier.
3. Comment a-t-il pu obtenir la guérison divine ?
   Jésus menaça l'esprit impur et le chassa.
4. Quelle était la requête des démons ?
   Que Jésus leur accordât d'aller posséder les pourceaux.
5. Comment peut-on prouver la parfaite guérison du patient ?
   a. Il était assis, vêtu, et dans son bon sens.
   b. Il alla témoigner de sa délivrance dans dix villes

Leçon 10 La guérison divine du boiteux à la Belle Porte de Jérusalem

Versets de préparation : Ac. 3 :1-26
Versets à lire en classe : Ac. 3 :1-9
Verset à mémoriser : Alors Pierre lui dit : Je n'ai ni argent ni or ; mais ce que j'ai, je te le donne : au nom de Jésus-Christ de Nazareth, lève-toi et marche. Ac. 3 : 6
Méthodes : Discours, discussions, questions
But : Justifier le pouvoir de guérison divine passé aux apôtres.

Introduction
Il est à remarquer que les bénéficiaires de guérison divine sont devenus en majorité des défenseurs farouches[17] de l'Evangile. En voilà un de plus : le boiteux à la belle porte de Jérusalem.

I. **Comment décrire sa condition de mendiant ?**
   1. Il vivait au jour le jour de la charité publique.
   2. Sa clientèle était plus vaste auprès des gens d'Eglises. Ainsi de très tôt, devait-il être déposé devant la porte principale du temple de Jérusalem. Ac.3 : 2

II. **Comment sa situation fut-elle changée ?**
   C'était en un jour où Pierre et Jean montaient au temple pour prier. Tandis qu'ils y entraient, ils furent retenus par cet homme boiteux de naissance qui leur demandait l'aumône. Ac.3 : 3

---

[17] Farouche adj. indomptable

Mais Pierre était plutôt disposé à lui offrir autre chose que l'argent. Ac.3 :6

III. **Comment expliquer sa guérison divine ?**
Pierre et Jean savaient que Jésus les avait investis du pouvoir de faire des miracles. Ils vont donc exercer leur autorité pour guérir le boiteux.
Pierre fixa les yeux sur lui et dit :
1. Regarde-nous. C'était pour lui éviter toute distraction et lui communiquer la foi pour être guéri. Ac.3 : 4
2. Pierre appliquait la guérison divine en évoquant le nom de Jésus. Ac.3 :6
3. Il le supportait de la main et le fit lever. Ac.3 :7
4. Au même instant, ses pieds et ses chevilles devinrent fermes. Ac.3 :7

IV. **Comment vérifier cette guérison ?**
1. Il ne s'adossa plus au temple pour demander l'aumône. Il la face vers l'abondance en Jésus-Christ dans le temple de Dieu. D'un saut, il fut debout, et il se mit à marcher.
2. Pour la première fois de sa vie, il va assister à une réunion de prière dans l'Eglise. Il entra dans le temple marchant, sautant, et louant Dieu. Ac.3 :8
3. Tout le monde a pu le constater. Ac.3 :10
4. Il ne quittait pas Pierre et Jean. Ac.3 :11

Conclusion
Quel que soit le handicap physique ou spirituel, fixez vos regards sur Jésus. Sa divine puissance est toujours efficace pour vous guérir. Faites agir votre foi.

Questions

1. Où était assis le boiteux de naissance ?
    A la Belle porte du temple de Jérusalem
2. Quelle était sa condition avant sa guérison?
    a. Il tournait le dos au temple.
    b. Il vivait de la charité publique.
3. Quelle était sa position après sa guérison ?
    Il entrait dans le temple, marchait, sautait et louait Dieu.
4. Décrivez le processus de sa guérison.
    a. Pierre exigeait qu'il les regardât fixement.
    b. Il lui appliqua la guérison divine en évoquant le nom de Jésus.
    c. Il le supportait de la main et le fit lever.
5. Comment prouver que cet homme était guéri ?
    a. Il ne s'adossa plus au mur du temple pour demander l'aumône.
    b. Il entra dans le Temple pour louer Dieu.
    c. Il ne quittait pas Pierre et Jean.

Leçon 11 Dimanche des Rameaux

Versets de préparation : Mt.11 :4-5 ; Mc. 5 :25-34 ; 10 : 46-53 ; Lu. 4 :17-19 ; 8 :2 ; 18 :37 ; 19 :1-38 ; Jn.5 :5-9 ; 1Jn.3 :8
Versets à lire en classe : Lu.19 :28-40
Verset à mémoriser : Il disait : Béni soit le roi qui vient au nom du Seigneur ! Paix dans le ciel, et gloire dans les lieux très hauts ! Lu.19 : 38
Méthodes : Discours, questions
But : Exprimer la joie des bénéficiaires du ministère de Jésus-Christ.

Introduction
Certaines manifestations populaires éclatent pour justifier la reconnaissance de certaines personnes envers un bienfaiteur. Celle du dimanche des Rameaux en est une. Pour votre édification, nous dirons :

I. **C'est la fête des humbles**
   1. Elle est improvisée. Lu.19 :36-38
   2. Elle va d'elle-même sans invitation spéciale à personne.
   3. Elle a un slogan qu'on répète sur tout le parcours. « Béni soit le roi qui vient au nom du Seigneur ! Paix dans le ciel et gloire dans les lieux très-haut ! » Lu.19 :38
   4. Elle commence et finit sans une réception. Tout le monde se débrouille pour boire ou pour manger.

II. **C'est la fête des gens restaurés.**
   1. Il va sans dire que le paralytique depuis trente-huit ans use ses deux jambes pour sauter à cette fête. Jn.5 : 5-9
   2. On pourrait y remarquer Bartimée, hier mendiant aveugle aujourd'hui en plein usage de ses facultés pour travailler. Il ne peut manquer à cette foule. Mc.10 :46-53
   3. On pourrait y voir la femme atteinte de perte sang, Marie de Magdala délivrée de sept démons. Mc.5 : 25-34 ; Lu.8 :2

III. **C'est la fête des gens reconnaissants**
   Des gens qui savent apprécier. Ils louent Dieu à haute voix pour tous les miracles qu'ils avaient vus. Lu.18 :37

IV. **C'est le couronnement de l'œuvre du Seigneur.**
   1. Son projet de société est réalisé. Lu.4 : 17-19
   Les aveugles voient, les boiteux marchent, les lépreux sont purifiés, les sourds entendent, les morts ressuscitent, et la bonne nouvelle est annoncée aux pauvres. Mt.11 :4-5
   2. Le diable est vaincu. 1Jn.3 :8

Conclusion
Si votre vie est maintenant restaurée par l'œuvre de Jésus-Christ, qu'est-ce qui vous empêche de participer à cette fête ?

Questions

1. Quelle était le motif de cette manifestation populaire ?
   La joie des humbles, des gens restaurés, des gens reconnaissants
2. Qui peut-on espérer rencontrer dans cette foule ?
   Bartimée, l'homme malade depuis trente-huit ans, la femme atteinte de perte sang et Marie de Magdala
3. Que signifie ce dimanche des Rameaux pour Jésus-Christ?
   Le jugement imminent de Satan le Diable
4. Quel était le projet de société de Jésus?
   a. La restauration des humbles
   b. L'annonce de la Bonne Nouvelle aux pauvres.
5. Vrai ou faux
   a. Jésus aime les carnavals. _ V _ F
   b. Les rameaux peuvent nous préserver du mal. _ V _F
   c. La reconnaissance envers Dieu est une lâcheté. _ V_ F
   d. Tout le monde devrait louer Dieu. _V _F

Leçon 12   Dimanche de Pâques

Versets de préparation : Ex.12 :6 ; No.28 :4-5 ; Mt. 27 :45-50 ; 28 :18-20 ; Lu.19 :10 ; Ph.2 :9 ; Jn. 1 :12 16 :11 ; 19 :30 ; Ro.6 :23 ; Ac.2 :17-18, 38 ; Ap.19 :10
Versets à lire en classe : Mt.27 :45-55
Verset à mémoriser : Et vers la neuvième heure, Jésus s'écria d'une voix forte : « Elie, Eli, lama Sabachthani?» c'est-à-dire « Mon Dieu, mon Dieu, pourquoi m'as-tu abandonné?» Mt.27 : 46
Méthodes : discours, comparaisons, questions
But : Dégager la signification du sacrifice de l'agneau et son impact dans la vie du croyant.

Introduction
Environ 1400 ans avant le sacrifice de Jésus-Christ sur la croix, Dieu avait déjà communiqué à Moise, l'heure du sacrifice de l'agneau. Ce sera *entre les deux soirs* c'est-à-dire au crépuscule. Nous allons le vérifier pour notre édification.

I. **C'est le couronnement de la victoire de Jésus-Christ**
   1. Le sacrifice annuel de l'agneau pascal a toujours eu lieu «Entre les deux soirs», entre 3.00 pm et 5.00 pm, au crépuscule, selon l'historien Josèphe et l'Encyclopédie juive. Ex.12 :6 ; No.28 : 4-5
   2. Ainsi la mort du Seigneur à la neuvième heure (3.00 pm) coïncidait à la fois avec le moment où l'on offrait annuellement l'agneau pascal. Mt.27 :45-50

3. Après avoir versé tout son sang, Jésus s'écria : « Tout est accompli». Le sacrifice est donc parfait. Jn.19 :30

II. **C'est la réhabilitation des fils d'Adam**
 1. Le prix de notre rédemption était payé. Le don gratuit de Dieu, c'est la vie éternelle en Jésus-Christ. Ro.6 :23
 2. Notre condamnation est levée. Ro.8 :1
 3. Nous sommes restaurés dans notre qualité de fils légitimés de Dieu. Jn.1 :12
 4. Le Saint-Esprit est répandu sur nous. Ac.2 :17-18, 38
 5. Le message de grâce est proclamé par l'Evangile. Mc.16 :15
 6. Les rachetés doivent annoncer à tous l'ère de la délivrance. Mt. 28 : 18-20

IV. **C'est la gloire de Christ par sa victoire sur Satan le diable**
 1. Il vient prouver son obéissance au Père en payant le prix de notre salut. Ph. 2 :9
 2. Jésus a réparé les dégâts causés sur nous par Satan le Diable. Lu.19 :10
 3. Le prince de ce monde est jugé. Jn.16 :11
 4. Bientôt, Jésus notre avocat siègera comme juge : Le Diable, notre accusateur sera jeté dans l'étang ardent de feu ainsi que les rebelles à l'Evangile. Ap.19 :10

Réflexion : Si vous êtes entre les deux soirs, je veux dire, entre deux situations difficiles et que Dieu ne répond pas à votre prière, sachez qu'il est en train de vous préparer le couloir de la délivrance. Il n'y a pas de dimanche de Pâques sans Vendredi saint.

Conclusion

Allons mes frères, allons annoncer à tous notre victoire. Christ a vaincu pour nous, allons faire des disciples pour lui. Mt. 28 :19-20 ; 1Co.15 :57

Questions

1. A quelle heure eut lieu d'ordinaire le sacrifice annuel de l'agneau pascal? Entre les deux soirs
2. Que veut dire l'expression « Entre les deux soirs ? Entre 3 et 5 heures de l'après-midi.
3. Pourquoi Dieu n'a-t-il pas répondu au cri de Jésus-Christ?
   a. Il était venu mourir à notre place par un sacrifice volontaire pour nos péchés.
   c. Dieu ne pouvait renvoyer ce sacrifice.
4. Quel est notre situation grâce à ce sacrifice ?
   a. Nous sommes restaurés dans notre privilège d'enfant de Dieu
   b. Nous avons la victoire sur Satan le Diable.
   c. Nous avons la vie éternelle en Jésus-Christ.
5. Quel sera le sort de Satan le Diable et des incrédules?
   Ils seront jetés dans l'étang ardent de feu.
6. Pourquoi Dieu ne nous écoute pas dans certaines situations difficiles ?
   Parce qu'il est en train de nous préparer le couloir de la délivrance.
7. Que dit alors le proverbe?
   Il n'y a pas de dimanche de Pâques sans un Vendredi saint.

Récapitulation des versets

1. Leçon 1 L'Eternel Dieu forma une femme de la côte qu'il avait prise de l'homme, et il l'amena vers l'homme. Ge. 2 :22

2. Leçon 2 Leurs fruits serviront de nourriture et leurs feuilles de remède. Ez.48 :12b

3. Leçon 3 Mon oreille avait entendu parler de toi ; Mais maintenant mon œil t'a vu. C'est pourquoi je me condamne et je me repens sur la poussière et sur la cendre. Job.42 :5-6

4. Leçon 4 Lorsqu'Elisée, homme de Dieu apprit que le roi d'Israël avait déchiré ses vêtements, il envoya dire au roi :
« Pourquoi as-tu déchiré tes vêtements. Laissez-le venir à moi, et il saura qu'il y a un prophète en Israël ». 2Ro. 5 :8

5. Leçon 5 Après cela, il cracha à terre, et fit de la boue avec sa salive ; Puis il appliqua cette boue sur les yeux de l'aveugle, et lui dit : Va et lave-toi au réservoir de Siloé. Jn.9 : 6-7a

6. Leçon 6 Jésus lui mit de nouveau les mains sur les yeux, et, quand l'aveugle regarda fixement, il fut guéri, et vit tout distinctement. Mc. 8 :25

7. Leçon 7 Comme ils ne savaient par où l'introduire, à cause de la foule, ils montèrent sur le toit, et ils le descendirent par une ouverture,

avec son lit, au milieu de l'assemblée, devant Jésus. Lu.5 : 19

8. Leçon 8 Je ne suis pas digne d'aller en personne vers toi. Mais dit un mot, et mon serviteur sera guéri. Lu.7 : 7

9. Leçon 9 Arrêtez, et sachez que je suis Dieu. Je domine sur les nations, je domine sur la terre. Ps.46 :10

10. Leçon 10 Alors Pierre lui dit : J n'ai ni argent ni or ; mais ce que j'ai, je te le donne : au nom de Jésus-Christ de Nazareth, lève-toi et marche. Ac. 3 : 6

11. Leçon 11 Il disait : Béni soit le roi qui vient au nom du Seigneur ! Paix dans le ciel, et gloire dans les lieux très hauts ! Lu.19 : 38

12. Leçon 12 Et vers la neuvième heure, Jésus s'écria d'une voix forte : «Elie, Eli, lama Sabachthani?» c'est-à-dire «Mon Dieu, mon Dieu, pourquoi m'as-tu abandonné?» Mt.27 : 46

Série 2

Le trousseau de voyage du chrétien

Avant-propos

Si nous voulons bien comprendre l'ordre formel du Seigneur dans la Grande Commission, le chrétien doit être considéré comme un pèlerin, un voyageur à bord d'un avion, à destination certaine et lointaine. Aussi doit-il se pourvoir du strict nécessaire pour ne pas s'embarrasser en chemin. Voilà pourquoi, Pierre lui propose de faire une sélection des objets indispensables pour son voyage à bord de Jésus-Christ.

Rev. Renaut Pierre-Louis

Leçon 1 La nécessité du trousseau

Versets de préparation : Lu. 10 : 38-42 ; Ro.13 :12-13 ; Ph. 3 :20 ; Col.3 :1-3 ; 1Pi.5 : 7-8 ; 2Pi.1 : 1-14 ; Ap.2 :11
Versets à lire en classe : 2Pi.1 :3-7
Verset à mémoriser : Soyez sobres, veillez. Votre adversaire, le diable, rode comme un lion rugissant, cherchant qui il dévorera. 1Pi.5 :8
Méthodes : Discours, comparaisons, questions
But de la leçon : Exhorter les chrétiens à la vertu.

Introduction
Les avions de ligne font tous des restrictions aux passagers, spécialement pour leurs bagages à main. Pour notre voyage au ciel, Dieu en a les siennes. En voici les raisons :

I. Premièrement
Pour voyager à l'aise.
1. Les bagages encombrant affectent le confort des passagers. On n'accepte ni arme à feu, ni gaz, ni liquide quel qu'il soit à bord. En cas d'urgence, ils peuvent constituer un danger pour tout l'équipage.
2. Le chrétien est un passager à bord de Jésus. « Soyez sobres et veillez », nous dit Pierre. Par conséquent, évitons les colis encombrants tels que l'orgueil, les soucis, la rancune, la calomnie. Ils prennent trop de place dans notre vie et peuvent nous exploser ainsi que notre famille et même l'Eglise toute entière. 1Pi.5 :8

II. Deuxièmement
1. Pour nous libérer de tous nos soucis.1Pi.5 :7
2. Quand vient l'heure de vérifier les documents d'immigration, nous serons prêts à les présenter. Cette précaution rendra la tâche facile à l'agent d'immigration et évitera de faire attendre les autres. Il en est de même dans la vie spirituelle.
   a. Jésus disait à Marthe : « Une seule chose est nécessaire. Marie a choisi la bonne part que personne ne peut lui ôter. » Lu.10 :42
   b. Pour éviter tout encombrement, Paul nous exhorte: « à nous dépouiller des œuvres des ténèbres». Ro.13 :12
   c. Il fait ici référence à l'ivrognerie, les orgies, la luxure, la débauche, les querelles et les jalousies. Ro13 :13

III. Troisièmement
Pour nous éviter des distractions dangereuses.
1. Tout voyageur en avion attend éventuellement l'heure de l'atterrissage. Ainsi est-il à l'écoute de l'hôtesse de l'air pour toutes les annonces.
2. C'est encore Paul qui recommande aux Colossiens qu'ils s'affectionnent aux choses d'en haut et non à celles qui sont sur la terre. Col.3 :1-2 Que celui qui a des oreilles entendent ce que l'Esprit dit… Ap.2 :11
3. Car notre cité à nous est dans les cieux d'où nous attendons aussi comme Sauveur le Seigneur Jésus-Christ. Ph.3 :20

Conclusion

N'attendons pas que les réalités de la terre nous échappent avant de prendre au sérieux le voyage pour l'au-delà. La vraie réalité est là-haut. Maintenons notre trousseau.

Questions

1. Quel est le but de la leçon ?
   Exhorter les chrétiens à la vertu
2. Que réclament généralement les avions de ligne aux passagers?
   Que l'on porte à bord le strict nécessaire.
3. Pourquoi ?
   a. Pour voyager à l'aise
   b. Pour se libérer de tous les soucis.
   c. Pour éviter les distractions dangereuses
4. Qu'est-ce qu'on interdit dans les compartiments ?
   Les armes à feu, les gaz et des liquides
5. Pourquoi ?
   Pour ne pas exposer la vie de l'équipage.
6. Que recommande le Seigneur ?
   a. La sobriété.
   b. Le rejet de l'orgueil, des soucis, de la rancune, de la calomnie et la violence
7. Pourquoi ? Pour ne pas détruire soi-même et l'l'Eglise de Jésus-Christ
8. Quelle est la bonne part dont parle Jésus à Marthe? Jésus lui-même
9. Quelle est la destination finale du chrétien ?
   Le ciel.

Leçon 2 La foi

Versets de préparation : Ex.14 : 1-14 ; Ps.23 :4 ; 46 : 2 ; 121 : 1 ; Lam.3 :26 ; Da. 3 :24-25 ; 6 : 20-24 ; Mt.7 : 13-14 ; Mc.5 : 19-34 ; 10 :21-22 ; Lu.18 :4-8 ; Jn.9 : 25-27 ; 1Co.2 :5 ; 2Co.5 :1-7 ; Ga. 2 :20 ; Ep.2 : 8-10 ; Phil.3 : 4-7 ; Hé. 10 :34 ; 11 :1-40 ; 12 :1-2 ; 13 :8 ; Ja.1 :12

Versets à lire en classe : Hé.11 : 1-6

Verset à mémoriser : Or, sans la foi, il est impossible de lui être agréable ; car il faut que celui qui s'approche de Dieu, croie que Dieu existe et qu'il est le rémunérateur de ceux qui le cherchent. Hé. 11 :6

Méthodes : discours, comparaisons, questions

But : Parler de la foi comme une vertu obligatoire à ajouter à notre trousseau.

Introduction

La vie chrétienne n'est pas compréhensible ni viable sans la foi. Dieu nous la donne comme un moyen de communication avec lui. Posez-vous d'abord la question : Ai-je la foi ?

I. Les caractéristiques de la vraie foi

1. Elle vient de Dieu. On croit sans voir ni même apercevoir. Ep.2 :8 ; 2Co.5 :7
2. Cette foi sauve. Elle part de la croix pour aboutir au ciel. Mc.5 :34 ; 1Co.2 :5
3. Elle nous rapproche graduellement de Dieu. He.11 : 6
4. Elle dépasse la raison : Elle croit que tout est possible. Mt.17 :20

II. Comment la maintenir ?

1. Par une vie de prière permanente. Lu.18 :4-8
2. Par le témoignage public rendu à Dieu pour ses bienfaits. Jn.9 :25-27 ; Mc.5 :19-20
3. Par une consécration totale de Dieu:
   a. Dès lors, notre agenda ne compte plus. Ga.2 :20
   b. Notre rang social ne compte plus. Ph.3 :4-7
   c. Notre richesse ne compte plus. Mc.10 :21-22
   d. On regarde à Christ seul à cause du chemin qui devient plus étroit, difficile et ténébreux. Mt.7 :13; Hé.12: 1-2

III. **Comment Dieu nourrit-il notre foi ?**

Dieu nous dépouille parfois de nos biens (santé, argent, amis, beauté, popularité…) pour ne dépendre que de Lui. He.10 :34
S'il change de méthodes, son plan reste le même. Hé.13 :8

1. Aujourd'hui, il est avec nous sur la montagne, demain dans le désert, après-demain au travers de la fournaise, plis tard dans la vallée de l'ombre de la mort.
   Ps.23 : 4 ; 121 : 1 ; Da.3 :25 ; 6 :23
2. Parfois il fait semblant de ne pas nous entendre. Pourtant, Il est là. Lam.3 :26
3. Si nous pouvons survivre à nos détresses, c'est parce qu'Il existe. Et si malgré tout, nous continuons à croire en lui, il récompense notre persévérance.
   Ps.46 :2 ; Ja.1 :12

Conclusion

Ayons la foi et gardons-la. Il nous faudra la déposer au pied du Seigneur comme un reçu attestant que nous avions persévéré jusqu'à la fin. Au ciel nous n'en aurons plus besoin. Ce que nous avons espéré, nous l'avons. C'est le premier élément à notre trousseau.

Questions

1. Quel est le but de la leçon ?
   Présenter la foi comme une vertu obligatoire dans notre vie chrétienne
2. Quelles sont les caractéristiques de la vraie foi ?
   a. Elle vient de Dieu.
   b. On croit sans voir ni apercevoir.
   c. Cette foi part de la croix du calvaire pour aboutir au ciel.
   d. Elle nous rapproche de Dieu chaque jour.
   e. Elle dépasse la raison.
3. Comment maintenir cette foi ?
   a. Par une vie de prière permanente
   b. Par le témoignage public de notre foi en Jésus-Christ
   c. Par un abandon total à la volonté de Dieu.
4. Comment Dieu nourrit-il notre foi ?
   a. Il nous dépouille de nos biens les plus chers.
   b. Il change notre champ d'application pour exercer notre foi.
   c. Parfois il fait semblant de ne pas nous entendre.
   d. A la fin il récompense notre foi.

Leçon 3 La bonté

Versets de préparation : Pr.28 :1 ; 17 :22 ; Mt.25 : 35-40 ; 27 :54 ; Ro.12 :21 ; Ga.6 :6-9 ; Ep.4 : 32 ; Hé.11 :1-40 ; 1Pi.4 : 15-16 ; 1Jn.3 : 18
Versets à lire en classe : Ep.4 :30-32
Verset à mémoriser : Soyez bons les uns envers les autres, compatissants, vous pardonnant réciproquement, comme Dieu vous a pardonnés en Christ. Ep.4 :32
Méthodes : Discours, comparaisons, questions
But : Présenter la bonté comme un élément essentiel dans la vie du chrétien.

Introduction
Vive la bonté ! Vive le paradis ! Tel est le cri de tous ceux qui vivent auprès d'une personne aimable. Si vous l'avez dans votre trousseau, vous allez faire des heureux. Qu'est-ce que la bonté ?

I. **C'est la décision de servir Dieu en faisant le bien.**
  1. Faire du bien devient un ministère et même une manie.
     a. On le fait aux païens comme aux chrétiens. Ga. 6 :10
     b. On ne le fait pas par calcul mais par amour. 1Jn.3 :18

II. **C'est la décision de servir Dieu dans les autres.**
  On imite le Bon Samaritain. Lu. 10 : 30-37
  1. On accepte et on protège l'étranger. Mt.25 : 38-40

2. On partage sa nourriture avec quiconque a faim ou soif. Mt.25 : 35
3. On habille le pauvre. Mt.25 :36
A partir du moment où vous vous gardez de médire sur ceux qui vous maltraitent, vos ennemis pourront dire « Cet homme est réellement fils de Dieu.» Mt.27 :54

III. **C'est la décision de souffrir des autres à cause de Jésus-Christ**
 1. Des gens vous abusent parce que vous êtes chrétiens, car ils savent que vous allez garder le silence. 1Pi.4 :15-16
 2. Des gens vous ignorent quand ils ne peuvent plus tirer de vous des avantages. Vous les aimez malgré tout, et vous continuez à leur faire du bien. Ga.6 :9

IV. **L'impact de cette bonté**
 1. Elle désarme le méchant. Ro.12 :21
 2. Elle vous permet de garder le sang-froid. Pr.28 :1
 3. Elle vous épargne de certaines maladies comme le diabète, la tension artérielle. Pr. 17 :22
 4. Elle vous permet d'avoir un cœur joyeux. Or un cœur joyeux est un bon remède. Pr. 17 :22

Conclusion
Soyons bon les uns envers les autres. Nous serons vite identifiés comme chrétiens et disciples de Jésus-Christ. C'est le deuxième élément à notre trousseau. Ep.4 : 32

Questions

1. Quel est le but de la leçon
   Présenter la bonté comme un élément essentiel dans la vie chrétienne.
2. Donnez-nous en trois définitions.
   a. C'est la décision de servir Dieu en faisant le bien.
   b. C'est la décision de servir Dieu dans les autres.
   c. C'est la décision de souffrir des autres à cause de Jésus-Christ.
3. Comment peut-on servir Dieu dans les autres ?
   En faisant l'œuvre du Bon Samaritain.
4. Quel est l'impact de cette bonté ?
   a. Elle désarme le méchant
   b. Elle vous permet de garder le sang-froid.
   c. Elle vous épargne de certaines maladies.
   d. Elle vous permet d'avoir un cœur joyeux.
5. Vrai ou faux
   a. Pour être un bon chrétien on doit accepter une gifle de n'importe qui. __ V __ F
   b. Le chrétien doit tolérer la méchanceté. __ V _ F
   c. Le chrétien ne doit pas pleurer dans ses souffrances. __ V _ F
   d. Le chrétien est humain. Il souffre comme tout le monde. __ V _F

Leçon 4 La connaissance

Versets de préparation : Ps. 1 :1-3 ; Ose.4 :6 ; Mt. 4 : 1-10; 24 :15 ; Lu.9 :23 ; Jn. 1 :12 ; 14 : 6 ; 17 :3 ; Ep.4 : 14-15 ; 1Co.8 :1 ; Ap.20 :10
Verset à lire en classe : Mt.4 : 1-10
Verset à mémoriser : Jésus lui répondit : Il est écrit : « l'homme ne vivra pas de pain seulement, mais de toute parole qui sort de la bouche de Dieu ». Mt.4 :4
Méthodes : discours, comparaisons, questions
But: Prouver que Jésus désapprouve l'analphabétisme.

Introduction
Dieu, Notre Père est omniscient. Peut-il avoir des enfants ignorants? Et s'il y en a, qui doit-on blâmer? Au fait, que doivent-ils connaitre ?

I. Ils doivent connaitre Dieu, lui obéir et le servir. Mt.20 :28
   1. Comment? En acceptant Jésus-Christ comme la vérité révélée. Jn. 14 :6 ; 17 : 3
   2. En le reconnaissant comme Seigneur et Sauveur. Jn.1 :12
   3. En le suivant jusqu'au bout sans condition. Lu.9 :23
   4. En étudiant « ce qui est écrit ». Mt.4 :4, 7,10
   5. En faisant attention à ce qu'on lit. Mt.24 :15
   6. A tout cela, il faut joindre la charité qui édifie, car la connaissance enfle. 1Co.8 :1
      Retenez que ne pas savoir lire et écrire, l'analphabétisme comme nous l'appelons, n'est pas une excuse pour Jésus. Mt 24 :15
IV. **Conséquences de l'ignorance.**

1. On court le risque de perdre certaines bénédictions. Ps.1 : 1-3
2. On va à la destruction. Ose.4 :6
3. On n'est pas détruit faute de musique ou d'activités spirituelles, mais par manque de connaissance de la Bible.
4. On est dépouillé du sacerdoce de Dieu car il ne peut vous utiliser à tous les niveaux. Ose. 4 : 6
5. On est emporté par tout vent de doctrine. Satan peut facilement vous exploiter. Ep.4 : 14-15
6. On arrivera à accepter la marque de la Bête sans le savoir et connaitre pour son malheur, le sort de la Bête et du faux prophète. Ap.20 :10

Conclusion

Nous connaissons en partie. Cela nous suffit pour le moment. Un jour nous saurons tout car nous verrons Jésus tel qu'il est. Recherchons la connaissance. C'est le troisième élément à notre trousseau.

Questions

1. Quel est le but de la leçon ?
   Montrer que Jésus n'excuse pas l'ignorance.
2. Comment acquière-t-on la connaissance ?
   a. En acceptant Jésus-Christ comme la vérité révélée
   b. En croyant en lui comme Seigneur et Sauveur
   c. En le suivant sans condition
   d. En étudiant ce qui est écrit
   e. En faisant attention à ce qu'on lit
3. Quelle est le danger de l'ignorance ?
   a. On court le risque de perdre certaines bénédictions.
   b. On va à la destruction.
   c. On est limité dans le service de Dieu.
   d. On peut être emporté par tout vent de doctrine.
   e. On court le risque d'accepter sans le savoir la marque de la Bête et connaitre le sort de la Bête et du faux prophète.
4. Vrai ou faux
   a. Le pauvre en esprit est celui qui ne sait ni lire ni écrire. _V _ F
   b. Si quelqu'un est lauréat dans ses examens, Jésus doit lui accorder le ciel gratuit.
      _ V _ F

Leçon 5 La maitrise de soi

Verset pour la préparation : Ex.14 :1-14 ; Esther.1 :1-2 ; 2 : 1-4 ; Agg.1 :9 ; Mt. 12 : 33-37 ; Lu.21 : 34-36 ; 1Co.7 :29-31 ; 1Pi.5 :8
Versets à lire en classe : Ex.14 :13-19
Verset à mémoriser : L'Eternel combattra pour vous ; et vous gardez le silence. Ex.14 :14
Méthodes : discours, comparaisons, questions
But : Montrer comment le manque de maitrise peut nous conduire aux plus graves erreurs.

Introduction
L'une des vertus les plus rares dans ce siècle de vitesse est la tempérance. On se fâche pour rien. On renvoie tout le monde et toutes choses au diable sans raison valable. Et l'on croit bien faire. Comment la définir d'après la Bible?

I. C'est la maitrise de soi :
1. Exode 14 et verset 14 aurait pu se traduire : « L'Eternel combattra pour vous et vous, gardez le sang-froid ».
2. Le manque de sang-froid engendre la panique. On perd le contrôle d'une situation, on dit et on fait des choses regrettables. Assuérus par exemple, répudia la reine Vasthi par manque de tempérance. Esth.2 :1

II. C'est la sobriété :
La sobriété c'est la modération
1. *Dans l'usage de la parole.* Au dernier jour, on sera jugé pour toutes les mauvaises paroles prononcées. Pr.10 :19; Mt.12 :36

2. *Dans le boire et le manger.* Jésus nous met en garde contre l'excès dans le boire et le manger. Il peut nous empêcher d'être vigilants sur les évènements de la fin des temps. Lu.21 :34
3. *Dans les plaisirs de chair.*
Paul suggère qu'on ait beaucoup de modération dans les rapports sexuels entre mari et femme. 1Co.7 :29-31
b. Dans les festivités. Qu'on ne se gave [18]pas de boissons enivrantes. Es.5 :11
c. Dans l'ameublement de sa maison. On est tenté de rester chez soi pour se flatter soi-même au mépris de notre responsabilité envers Dieu. Agg.1 :9
4. En fait, la sobriété c'est le maintien des désirs dans les limites de l'honnêteté et de la morale. 1Pi.5 :8

III. Conséquences du manque de tempérance
1. On agit mal. Pr.19 :1
2. On s'expose dans de mauvais milieux au détriment de son âme. De là vient qu'on peut perdre :
   a. Un bon mariage
   b. Une bonne situation
   c. Une bonne amitié.
   d. La paix dans la conscience, la paix avec le prochain et la paix avec Dieu.
   « Garde ton cœur plus que tout autre chose car de lui viennent les sources de la vie » Pr.4 :23

Conclusion

---

[18] Se Gaver v.pr. manger avec excès, bourrer

Soyons donc sobre. C'est le quatrième élément à notre trousseau.

Questions

1. Qu'est-ce que la tempérance ?
   C'est la maitrise de soi, la sobriété, la modération
2. Comment aurait-on pu traduire Ex.14 :14 ?
   L'Eternel combattra pour vous et vous, gardez le sang-froid.
3. Quel est le danger qu'on court par manque de maitrise ?
   a. On peut paniquer
   b. On peut prendre des décisions regrettables sous le coup de l'émotion
4. Citez des cas où il est bon d'être sobre
   a. Dans l'usage de la parole
   b. Dans le boire et le manger
   c. Dans les plaisir de la chair
   d. Dans l'ameublement de sa maison
5. Quelles sont les conséquences probables du manque de tempérance ?
   a. On agit mal.
   b. On peut compromettre un mariage, une bonne situation, une bonne amitié
   c. On peut perdre la paix dans sa conscience

Leçon 6 La patience

Versets pour la préparation : Ps.37 :5 ; Lam.3 :26 ; Ga.5 :22 ; 2Ti. 2 :24 ; Ja.1 :1-12 ; 2Pi.3 :9
Versets à lire en classe : Ja.1 : 1-4
Verset à mémoriser : Mes frères, regardez comme un sujet de joie complète, les diverses épreuves auxquelles vous pouvez être exposés, sachant que l'épreuve de votre foi produit la patience. Ja.1 :1-2
Méthodes : discours, comparaisons, questions
But : Rechercher le fruit de la patience

Introduction
Encore une vertu bien rare dans ce siècle de vitesse. Le temps de compter 1, 2, 3 on veut avoir un résultat concret.

I. Définition de la patience
1. Aptitude à supporter avec courage, les désagréments de l'existence. Ce mot vient du grec pathos, qui veut dire « souffrir »
2. Qualité de celui qui peut attendre longtemps, sans irritation ni lassitude. Jacques l'apprécie. Ja.1 : 12
3. Un élément du fruit de l'esprit. Ga.5 :22

II. Exemples de gens patients.
Ils s'inspirent de Dieu qui use de patience envers les pécheurs. 2Pi.3 :9
1. Job a passé le test de la patience. Ja. 5 :10-11
2. Ainsi le serviteur de Dieu doit-il être doué de patience. 2Ti.2 :24

III. **Conséquence d'un manque de patience**
1. La perte de la foi. Elle ne peut agir sans l'attente. Ainsi, le manque de patience est synonyme de manque de foi. Ps.37 :5
2. Face à un vrai problème à résoudre, on risque d'obtenir une fausse solution ou un échec selon le cas. On n'a pas pris du temps pour bien réfléchir.
3. On se crée des soucis pour rien. Ph.4 : 6

V. **Récompense à la patience**
1. Dieu honore la patience dans les épreuves. Ja.1 : 2-4, 12
2. On en sort avec une personnalité plus grande. Notre témoignage inspirera les autres à leur tour. Ja.5 :11

Conclusion
Il est bon d'attendre en silence le secours de l'Eternel. Lam.3 :26. C'est le cinquième élément à notre trousseau.

Questions

1. Qu'est-ce-que la patience ?
   C'est l'aptitude à supporter fermement les ennuis de l'existence
2. D'où vient le mot patience ?
   Du grec « pathos » qui veut dire « souffrir »
3. Donnez trois exemples de personnes patientes
   a. Dieu envers les pécheurs
   b. Job dans ses calamités
   c. Le serviteur de Dieu
4. Quelles sont les conséquences d'un manque de patience ?
   a. On peut perdre la foi
   b. On risque de ne pas obtenir la solution désirée.
   c. On se crée des problèmes pour rien.
5. Quelle est la récompense à la patience selon Jacques? La couronne de vie

Leçon 7 La persévérance

Versets pour la préparation : Ge. 5 :22-25 ; Ps.1 :2 ; 133 :1 ; Pr.18 : 1 ; Jer. 15 :16 ; Mt.24 :13 ; Lu.18 :1-8 ; Ac. 1 :14 ; 2 :42 ; 14 :22 ; Ro.10 :17 ; 1Co. 12 : 12-17 ; 16 :13 ; Ep.5 :19 ; 6 : 10-13 ; Col.4 :2 ; 2Th.1 :4 ; 1Ti. 1 : 18-19 ; 4 :13, 16 ; 2Ti. 4 : 7-8 ; Hé.10 :25, 36 ; 12 :1 ; 13 :1 ; Ja. 1 :12 ; Ap.2 :10
Verset à lire en classe : Ge.5 :22-25
Verset à mémoriser: Hénoc, après la naissance de Métuschélah, marcha avec Dieu trois cents ans ; et il engendra des fils et des filles. Ge. 5 :22
Méthodes : discours, comparaisons, questions
But : Éviter de confondre piété et persévérance

Introduction
Ne confondez pas autour et alentour. La persévérance et la piété sont deux termes souvent confondus dans la pensée des chrétiens. Nous allons les considérer dans leur sens théologique pour l'édification des saints en Jésus-Christ.

I. Définition de la piété
1. C'est la régularité aux réunions d'Eglise. Elle fait du bien parce qu'elle crée un esprit d'ensemble et de support mutuel. Hé.10 :25
2. Quand Jésus dit que «Celui qui persévérera jusqu'à la fin sera sauvé» Mt.24 :13, il ne parle pas du nombre de réunions auxquelles vous aviez assisté. Il parle de la marche avec Dieu jusqu'à la fin comme jadis Hénoc. Ge. 5 : 22. A la fin Dieu le prit. Ge.5 :.24

II. **Définitions de la persévérance.**
C'est la marche avec Dieu avec une foi ferme.
Ac. 14 :22 ; Hé.12 :1 ; 1Co.16 : 13
1. Cette foi sera augmentée
   a. Par la lecture quotidienne de la Parole.
   Jer. 15 :16 ; Ro. 10 :17
   b. Par l'étude de la Bible en groupe. Ep.5 :19
   c. Par la méditation de la Parole jour et nuit. Elle entre doucement dans notre système comme les gouttes du sérum dans nos veines. Ps.1 : 2 ; 1Ti 4.13, 16
   d. Par la prière avec persévérance.
   Ac. 1 :14 ; Col.4 :2
   e. Par la persévérance dans la communion fraternelle. Ac 2.42
2. Le plan de Dieu c'est d'avoir une Eglise où les membres se supportent entre eux.
   1Co 12 : 12-17 ; Hé.13 :1
   a. Il est nécessaire qu'ils persévèrent dans la communion fraternelle. Pr 18.1 ; Ps 133.1.
   b. Il est nécessaire qu'ils mènent ensemble le combat spirituel.
   Ep 6.10-13 ; Hé 10 : 36; 2 Th. 1.4
   Ainsi ils garderont tous la foi. 1 Ti 1.18-19.

II. **La récompense à la persévérance**
   1. Dieu exauce les saints. Lu.18 :1-8
   2. Il leur réserve la couronne de vie.
   2 Ti. 4.7-8 ; Ja. 1 :12; Ap 2.10

Conclusion

Marchons fidèlement avec Dieu partout où nous soyons, et attendons qu'il vienne nous chercher. C'est le sixième élément à notre trousseau.

Questions

1. Quelle est la différence entre la piété et la persévérance ?
   La piété est la régularité aux services de l'église ; la persévérance c'est «marcher fidèlement avec Dieu
2. Comment maintenir cette persévérance?
   a. Par la lecture et la méditation de la Parole de Dieu
   b. Par une vie de prière
   c. Par la communion fraternelle et le support mutuel
3. Comment Dieu honore-t-il la persévérance ?
   a. Par la réponse à nos prières
   b. Par la promesse de la couronne de vie et d'immortalité

Leçon 8 L'amitié fraternelle

Versets pour la préparation : Mt.26 :29 ; Jn.3 :16 ; 14 :3 ; Ro.5 :1 ; 12 :19 ; Col.2 :14 ; Hé.2 :11 ; 1Jn.1 :7 ; Ap.1 :5
Versets à lire en classe : 1Jn.3 :13-19
Verset à mémoriser : Petits enfants, n'aimons pas en paroles et avec la langue, mais en action et avec vérité. 1Jn.3 :18
Méthodes : discours, comparaisons, questions
But : Justifier le lien fort qui nous unit en Christ

Introduction

Il n'y a pas une expression plus forte que l'amitié fraternelle pour marquer la relation des frères et des sœurs d'une même communauté. Soyez assurés que si elle est mise en application, on peut jouir du ciel sur terre. Qu'est-ce qu'elle recommande?

I. Elle recommande une relation avec Christ à la base.

Pourquoi? Christ a fait les mêmes frais pour tous. A ses yeux, nous avons le même prix.

1. Il a payé pour vous le prix du péché d'Adam à la croix du calvaire. Pour moi aussi. Col.2 :14
2. Il vous a lavé de tout péché par son sang. Moi aussi. 1Jn.1 :7 ; Ap.1 :5
3. Il vous a justifié par la foi. Moi aussi. Ro.5 :1
4. Il vous a donné la vie éternelle. Moi aussi. Jn.3 :16
5. Christ viendra vous chercher pour être au ciel avec lui. Moi aussi. Jn.14 :3
6. Il n'a pas honte de vous appeler frère. Moi aussi. Heb.2 :11

II. **Elle se vérifie dans l'intimité entre les chrétiens avec Christ à la base.** Ac.2 :43-46
Comment?
1. Ils mettent en commun leurs fardeaux, leurs labeurs.
2. En Jésus, ils ne sont qu'un dans la joie et les pleurs.
   a. Mes biens sont à votre disposition. Les vôtres aussi.
   b. Mon temps est à votre disposition. Le vôtre aussi.
   c. Mes opportunités sont à votre disposition. Les vôtres aussi.
   d. Mes problèmes doivent retenir votre attention comme moi envers les vôtres. Ac.2 :43-46

III. **Et ceci jusqu'à quel point ?**
1. Je ne peux me réjouir de votre chute ni vous de la mienne. Ce n'est pas une bonne publicité pour Jésus qui a versé son sang pour nous sauver. 1Co.13 :6
2. Je ne peux me venger de vous. Vous aussi, car le Seigneur a dit : «A moi la vengeance, à moi la rétribution».
3. Je ne peux vous juger. Vous aussi, car Dieu réserve de me juger seulement au dernier jour. Pourquoi êtes-vous plus pressé que lui? Hé.10 :30
4. Nous devons nous pardonner l'un l'autre parce que nous sommes frères. Nous serons tous assis à la table du maitre, sous le regard de Dieu. Mt.26. :29 ; Col.3 :13

Conclusion

Etes-vous sûr d'ajouter ce septième élément à votre trousseau? Je me pose la même question aussi.

Questions

1. Qu'est ce qui rend possible l'amitié fraternelle ?
   a. Christ a fait les mêmes frais pour chacun de nous.
   b. Nous avons le même prix à ses yeux.
2. Comment vérifier l'intimité entre les chrétiens ?
   a. Ils mettent en commun leurs fardeaux, leurs labeurs.
   b. Ils se font un dans la joie et les pleurs.
   c. Ils partagent leur vie et leurs problèmes entre eux.
3. Quelle doit être l'attitude du chrétien face aux crises spirituelles ?
   a. Il ne peut se réjouir de la chute de son frère.
   b. Il ne peut se venger de son frère.
   c. Il ne peut se permettre de juger son frère avant Jésus, le grand juge.
   d. Il pardonne à l' instant.

Leçon 9 L'amour

Versets pour la préparation : Mt.6 :14-15 ; Lu. 6 :38; 10 :30-37;
19 :10 ; Jn. 3 :16 ; 13 :34 ; 14 :13 ; Ro.8 :24 ; 1Co.13 :8 ; 1Jn.3 :2, 14
Versets à lire en classe : 1Jn.3 :7-14
Verset à mémoriser: Nous savons que nous sommes passés de la mort à la vie, parce que nous aimons les frères. Celui qui n'aime pas demeure dans la mort. 1Jn.3 :14
Méthodes : discours, comparaisons, questions
But : Présenter l'amour comme la plus grande force pour dominer le monde entier.

Introduction
D'aucuns font de l'amour un emploi abusif. Ils n'en connaissent que l'aspect physique pour leur plus grande déception. Nous en viendrons à des définitions nobles pour leur servir de repère et les préserver de tout faux-semblant.

I. **Définition**
  1. L'amour, c'est le levier du premier genre :
  Le point d'appui est placé entre la puissance et la résistance.
   a. La puissance est la force du Saint Esprit qui cherche à nous conduire dans toute la vérité. Jn.16 :13
   b. Le point d'appui est la croix du calvaire où Dieu, étant en Christ, réconcilie le monde avec lui-même. 2Co.5 :19

c. La résistance, c'est nous les pécheurs qui résistons à l'appel de Dieu qui vient pour nous sauver. Lu.19 :10
Cet amour peut vaincre et fondre les cœurs méchants durs et glacés.

II. L'amour est une « bonté contagieuse. »
1. Christ aime et nous demande de faire de même. Jn.13 : 34
3. Christ donne et nous demande de faire de même. Lu.6 :38 ; 10 :30-37
3. Christ pardonne et nous demande de faire de même. Mt.6 : 14-15

III. L'amour est une vertu éternelle.
Parmi les trois vertus théologales, la Foi, l'Esperance et l'Amour, seul l'amour va demeurer.
1. On n'aura plus besoin de foi car on va voir Christ tel qu'il est. 1Jn.3 :2
2. On n'aura plus besoin d'espérance pour la même raison. Ro.8 :24
Mais l'amour ne meurt jamais. Dieu est amour. Si on l'a en soi, on ne pourra plus mourir. Aimons. 1Co.13: 8

Conclusion
Voilà enfin le huitième élément. L'avons-nous à notre trousseau ?

Questions

1. Comment définir l'amour ?
   C'est le levier du premier genre où le point d'appui est placé entre la puissance et la résistance.
2. Quelle est ici la puissance ?
   Le Saint Esprit qui peut nous conduire dans toute la vérité
3. Quelle est ici la résistance ?
   C'est le pécheur qui résiste à la force du Saint Esprit pour ne pas se convertir
4. Quel est ici le point d'appui ?
   C'est Jésus-Christ à la croix du calvaire. Il se tient entre le pécheur et le Saint Esprit pour nous attirer à son Père.
5. Quelle est d'après vous, la force de l'amour ?
   Il peut vaincre les cœurs méchants, durs, glacés.
6. Pourquoi disons-nous que l'amour est une force contagieuse ?
   Jésus aime, donne et pardonne et nous demande d'en faire autant.
7. Pourquoi disons-nous que l'amour est une vertu éternelle ?
   a. Parce qu'elle seule survivra après notre mort.
   b. Nous n'avons plus besoin d'espérer de voir Jésus. Nous le voyons.
   c. L'amour est Dieu. Dieu est amour. L'amour ne peut pas mourir.

Leçon 10 Vérification des bagages

Versets pour la préparation : Mt.25 :34 ; Ja.1 :12 ; 2Pi.1 :1-9 ; Ap.14 :13
Versets à lire en classe : 2Pi.1 : 1-9
Verset à mémoriser : A cause de cela, faites tous vos efforts pour joindre à votre foi la vertu, à la vertu la connaissance, à la connaissance la maitrise de soi, à la maitrise de soi la patience, à la patience la piété. 2Pi.1 : 5-6
Méthodes : discours, comparaisons, questions
But : Rendre le chrétien responsable de ce qu'il doit gérer dans sa vie spirituelle.

Introduction
Comment peut-on vérifier ces éléments dans nos bagages? Rapidement Pierre nous donne des suggestions. Si ces choses sont en vous dit-il, et y sont en abondance, on peut les remarquer.

I. **Comment?**
   1. Vous serez tellement passionnés pour la connaissance de Jésus-Christ que vous serez très productifs. 2Pi.1 :8
   2. Vous allez vous débarrasser de vos anciens péchés. 2Pi.1 :9
   3. Vous soignerez votre conviction chrétienne. 2Pi.1 :10
   4. Vous serez ouverts et perméables aux exhortations. 2Pi.1 : 13
   5. Vous verrez plus loin que certaines gens de l'Eglise locale.

a. Eux, ils voient leur ciel seulement dans les services de réveil et les biens matériels. Ph.3 : 18-19
b. Ils oublient de se repentir, de pardonner, de se réconcilier avec les frères et de se sanctifier.
c. Pierre dit qu' « ils sont aveugles ». Ils ne voient pas de loin. Leur ciel est ici. 2Pi.1 : 9

II. **Quid des colis dans la soute[19] de l'avion du Seigneur?**
La Bible dit : Nos œuvres nous suivent. Elles nous seront délivrées peu après notre accueil par le Divin Epoux. Mt.25 : 34; Ap.14 :13
En dépouillant nos mallettes on verra les photocopies suivantes :
1. Le rapport des missions accomplies au nom de Jésus-Christ.
2. La liste des personnes exhortées, blâmées, supportées et secourues au nom de Jésus-Christ. Jc.5 :19-20
3. Les noms des âmes gagnées, au nom de Jésus-Christ.
4. Les contributions versées pour l'avancement du règne de Dieu.
5. Les services rendus à l'Eglise sans espoir de récompense des hommes ici-bas.
4. Nos bonnes intentions non abouties malgré nos efforts.
5. Des souffrances endurées au nom de Jésus-Christ.

---

[19] Soute n.f. Compartiment réservé aux bagages dans l'avion

Dieu va les attacher à notre couronne.

III. **Qu'en est-il des bagages retenus à la douane du Saigneur?**
   1. Aucun des colis du chrétien n'y sera égaré. Si vous êtes admis au ciel, vos œuvres le sont aussi. Ap.14 :13b
   2. Dans le cas contraire, elles ne sont pas perdues pour autant. Vous pourrez aller les réclamer chez Lucifer. Mt.25 : 41-46
   3. Vous pourrez alors en vérifier le contenu. Dans vos mallettes de malédiction on dépouillera les tripotages, les faux témoignages, la calomnie, la médisance, les vols de dîme, les mensonges, les condoms d'adultère, les poisons, les faux papiers, les crimes et les fétiches. Dès lors, Lucifer vous retiendra comme son nouveau locataire et vous montrera bien sûr votre logement dans le feu éternel préparé pour Satan et ses anges. Que c'est triste !...

Conclusion

Encore une fois, vérifions notre trousseau, notre carry-on. Soyons sûrs d'avoir sous la main notre passeport signé avec le sang de Jésus-Christ. Il nous attend à l'immigration de l'éternité. Gare aux surprises désagréables!

Questions
1. Comment peut-on vérifier ses bagages spirituels ?
   a. On devient passionné pour la connaissance de la parole.
   b. On veut travailler pour Christ.

    c. On se débarrasse de ses anciens péchés.
    d. On raffermit sa conviction chrétienne.
    e. On accepte des exhortations faites avec sagesse.
2. Comment les faux-frères voient-ils ce voyage ?
    a. Le temple est leur ciel, leur lieu d'ambiance.
    b. Ils ne veulent pas se repentir, ni pardonner, ni se réconcilier à personne, ni se sanctifier.
3. Comment Pierre les considère-t-on ? Comme des aveugles
4. Quel est le sort de nos œuvres ? Elles nous suivent.
5. En vérifiant nos mallettes que va-t-on trouver ?
    a. La liste des âmes gagnées pour Christ
    b. Les visites de prières et missionnaires
    c. Nos contributions faites avec un cœur bien disposé.
    d. Les services rendus dans et à l'Eglise
    e. Les gens qu'on a exhortés et supportés
    f. Les souffrances endurées à cause de Christ.
6. Quel est le sort des colis non délivrés ?
Ils doivent être réclamés en enfer.
7. De qui ? De Lucifer, de Satan et de ses anges.
8. Pourquoi ?
Ils n'avaient pas été acceptés à bord de Jésus-Christ.
9. Dites ce qu'on peut trouver dans ces mallettes
Les vols, les adultères, les faux papiers, les fétiches, la médisance, les crimes.

Leçon 11 Une mère honorable

Verset pour la préparation: Pr.22 :6 ; Pr.31 : 10-31
Versets à lire en classe : Pr.31 : 10-16
Verset à mémoriser : Qui peut trouver une femme vertueuse ? Elle a bien plus de valeur que les perles. Pr.31 : 10
Méthodes : Discours, comparaisons, questions
But : Encourager les parents à mieux remplir leur rôle au sein de la famille.

Introduction
Chaque année on célèbre la fête des mères avec un accent particulier. Mais si on veut choisir la mère de l'année, laquelle devrait recevoir cet honneur?

I. **La bonne ménagère.**
   Celle qui enseigne à sa fillette l'art de cuisiner.
   Que la jeune fille se considère comme une stagiaire chez sa mère. Bientôt elle fera la cuisine pour son futur mari et sa famille. Pr.31 :15

II. **La femme chic**
   Celle qui enseigne à sa fillette l'art de s'habiller. Pr.31 :21-22
   Depuis la tendre enfance, elle doit savoir qu'elle n'est pas une poupée. Elle doit s'habiller avec décence et élégance. Dis-moi comme tu t'habilles, je te dirai qui tu es.

III. **La femme obéissante**
   1. Celle qui obéit à son mari sans conteste pour passer l'exemple à ses enfants.
   Ep.5 : 22

2. Le foyer bicéphale[20] est un monstre. L'obéissance de la femme au mari n'est pas une condition humiliante. Au contraire, elle l'ennoblie et prépare le chemin pour la paix.

IV. La femme responsable.

Celle qui s'occupe de sa maison. Elle ne remet pas l'éducation de son enfant aux soins d'autrui. Les enfants dorlotés peuvent devenir des tyrans ou des inadaptés sociaux. Pr.31 :15-19

V. La femme laborieuse

Elle est comme une reine dans la ruche. Elle n'a pas de temps pour le bavardage. Pr.31 : 15, 27

VI. La femme chrétienne

Celle qui conduit le culte de famille en l'absence du mari.

Donner à manger aux enfants, les coiffer et les amener à l'école, est bon. Mais le point de départ est le culte de famille. L'accent doit être mis sur la lecture de la Bible et la prière individuelle. Pr.31 :26

VII. La femme sociable.

Celle qui apprend aux enfants à saluer, à envoyer une note à papa ou à grand-ma surtout s'ils sont au loin. Pr.31 :28-29

Montrer aux enfants à communiquer en personne ou par écrit, c'est leur ouvrir une grande porte dans la société. Ils sauront apprécier et dire merci par tous les moyens.

---

[20] Bicéphale adj. Qui a deux têtes

Conclusion

Le meilleur bouquet à vous offrir aujourd'hui est une gerbe d'enfants bien éduqués. Prenez-le. C'est le fruit de vos efforts parfois incompris ; mais vous le méritez.

Questions

1. Quel est le but de la leçon ?
   Encourager les parents à mieux jouer leur rôle au sein de la famille
2. Quelle mère mérite-t-elle d'être fêtée ?
   a. La bonne ménagère
   b. La femme chic
   c. La femme obéissante
   d. La femme responsable
   e. La femme chrétienne
   f. La femme sociable.
3. Comment considérer la jeune fille dans la cuisine ?
   Comme une stagiaire pour son future foyer.
4. D'où vient-il que certaines jeunes filles ne savent comment s'habiller ?
   Elles étaient peut-être trop tolérées.
5. La femme obéissante au mari, perd-elle pour autant sa dignité ? Non, au contraire, elle prêche l'exemple à ses enfants.
6. Qu'arrive-t-il aux enfants élevés par leur grand-mère? Ils peuvent devenir des inadaptés sociaux.
7. Qui enseigne aux petits à prier?
   Généralement, leur mère
8. Qui leur enseigne à saluer les gens, à correspondre par lettre? Généralement, leur mère.

Leçon 12. Un père honorable

Versets pour la préparation : Ps.122 :1 ; Pr.22 :6, 15 ; Mt.13 :55 ; Jn.14 :3 ; 1Co.14 : 33, 40 ; 2Co.5 :17
Versets à lire en classe : Hé.12 :3-11
Verset à mémoriser : Et vous pères, n'irritez pas vos enfants, mais élevez-les en les corrigeant et en les instruisant selon le Seigneur. Ep.6 : 4
But : Montrer comment la fermeté et la flexibilité d'un père peut former un homme droit.

Introduction
C'est pénible de voir la fête des pères célébrée sans chaleur. Pauvre père, presque toujours absent à la maison, occupé à chercher le pain pour nourrir la famille! Ne mérite-t-il pas d'être fêté? Sinon, qui le mérite donc ?

I. **Le père instructeur.**
 1. Il passe son métier à son garçon. Mt.13 :55
 2. Joseph était charpentier. Il passa son métier à Jésus.
 3. Il dépassa Joseph. Il reste charpentier
    a. Pour bâtir notre demeure céleste. Jn.14 :3
    b. Pour confectionner des cercueils en vue d'enterrer toutes les religions. L'Evangile seul demeure! 2Co.5 :17

II. **Le père supporteur.**
 Il assiste son enfant, au besoin, dans ses devoirs de maison et dans ses randonnées sportives. L'enfant sera mieux armé pour vaincre. Remarquez qu'en maintes occasions, le Père, du haut des cieux, élève son fils :

1. A son baptême au Jourdain, il clama : Celui-ci est mon Fils bien-aimé en qui j'ai mis toute mon affection. Mt.3 :17
2. Devant Moise, Elie et trois disciples : « Celui-ci, est mon Fils bien-aimé….» Mt. 17 : 4-5
3. Devant les foules. « Je l'ai glorifié, je le glorifierai encore » Jn.12 :28-30

III. Le père responsable
Il ne laisse pas tout le travail à la charge de sa femme. Il paie les factures à temps, supporte sa femme, prend soin d'elle et s'occupe des travaux importants à la maison. Ep.5 :29

III. Le père courtois
Lorsque le mari est courtois envers sa femme, il ne fait que prêcher l'exemple à ses enfants. Sa bonne manière change l'atmosphère dans la maison. Ep. 5 :25

IV. Le père discipliné
Il donne l'exemple de la discipline et de l'ordre à son enfant. Il le prépare en vue d'en faire un leader de valeur sans pour autant le harceler. Pr.22 :15 ; 1Co.14 : 33, 40 ; Ep.6 :4

V. Le père coopérant
1. En temps opportun, il lui apprend à conduire. Il lui montrera comment économiser, comment s'exprimer en public, comment accepter les défaites et les succès. Pr.22 :6
2. Dieu laisse Jésus pour son compte dans le dernier match au Calvaire pour qu'il soit digne

du titre de champion sur le Diable, le monde, la chair et la mort. Mt.27 :46 ; 1Co.15 :57

VI. Le père chrétien
1. Il accompagne les autres membres de la famille à l'Eglise et conduit régulièrement le culte à la maison. Ps.122 :1
2. Jésus est toujours au milieu du culte. Mt.18 :20

Conclusion
Ne demandez pas la perfection à votre père. Supportez-le. Appréciez-le. Il vous donnera le meilleur de lui-même.

Questions
1. Quel est le but de la leçon ?
   Encourager les enfants à honorer leur père souvent négligé
2. Quel père mérite-t-il d'être honoré ?
   Le père instructeur, supporteur, courtois, discipliné, responsable et chrétien
3. Quel exemple Joseph avait-il donné ?
   Il enseigna à Jésus son métier de charpentier
4. Comment savons-nous que Jésus a exercé ce métier ?
   a. Il était connu comme tel.
   b. Il parle de construction et de place qu'il va nous préparer au ciel.
5. Quel bien le père fait-il en assistant son garçon?
   a. Il exercera mieux son autorité sur lui.
   b. L'enfant sera plus confiant en faisant ses devoirs.

6. Comment enseignera-t-il la courtoisie à son enfant ?
   En l'exerçant lui, envers sa femme
7. Court-il un risque en montrant à son fils à conduire ?
   Pas tout à fait. Il lui apprendra seulement à être prudent et responsable.
8. Quel service le père rend-il à la famille en l'accompagnant à l'Eglise ? La famille sera unie.

Récapitulation des versets

1. Soyez sobres, veillez. Votre adversaire, le diable, rode comme un lion rugissant, cherchant qui il dévorera. 1Pi.5 :8

2. Or, sans la foi, il est impossible de lui être agréable ; car faut que celui qui s'approche de Dieu, croie que Dieu existe et qu'il est le rémunérateur de ceux qui le cherchent. Hé. 11 :6

3. Soyez bons les uns envers les autres, compatissants, vous pardonnant réciproquement, comme Dieu vous a pardonnés en Christ. Ep.4 :32

4. Jésus lui répondit : Il est écrit : « l'homme ne vivra pas de pain seulement, mais de toute parole qui sort de la bouche de Dieu ». Mt.4 :4

5. L'Eternel combattra pour vous et vous, gardez le silence. Ex.14 :14

6. Mes frères, regardez comme un sujet de joie complète, les diverses épreuves auxquelles vous pouvez être exposés, sachant que l'épreuve de votre foi produit la patience. Ja.1 :1-2

7. Hénoc, après la naissance de Métuschélah, marcha avec Dieu trois cents ans ; et il engendra des fils et des filles. Ge. 5 :22

8. Petits enfants, n'aimons pas en paroles et avec la langue, mais en action et avec vérité. 1Jn.3 :18

9. Nous savons que nous sommes passés de la mort à la vie, parce que nous aimons les frères. Celui qui n'aime pas demeure dans la mort. 1Jn.3 :14

10. A cause de cela, faites tous vos efforts pour joindre à votre foi la vertu, à la vertu la connaissance, à la connaissance la maitrise de soi, à la maitrise de soi la patience, à la patience la piété. 2Pi.1 : 5-6

11. Qui peut trouver une femme vertueuse ? Elle a bien plus de valeur que les perles. Pr.31 : 10

12. Et vous pères, n'irritez pas vos enfants, mais élevez-les en les corrigeant et en les instruisant selon le Seigneur. Ep.6 : 4

Série 3

Témoins de Jésus-Christ

Et

Témoins de Jéhovah

Avant-propos

Est-ce de la pédanterie[21] que de prétendre être «Témoin de Jéhovah?» Retenez qu'Elohim c'est Dieu dans sa relation avec lui-même et Jéhovah, c'est le même Dieu dans sa relation avec l'homme. Pourquoi forcer Dieu à vous faire des explications? Nous allons aujourd'hui nous pencher sur cette thèse[22] en vue de votre édification. Gardez la Bible en main et examinez-la avec soin afin d'éviter les subtilités[23] dangereuses du malin.

Rev. Renaut Pierre-Louis

---

[21] Pédanterie n.f. Affectation de savoir du pédant
[22] Thèse n.f. Proposition, opinion dont on s'attache à démontrer la véracité. *Soutenir une thèse*
[23] Subtilité n.f. Finesse, raffinement excessif de la pensée

La notion de Dieu dans les deux Testaments

Introduction

Dieu a des noms qui expriment son absoluité. Il prend le nom de Jéhovah quand il s'agit de manifester sa relation avec l'homme. Nous allons démontrer, bible en main, la divinité de Jésus-Christ, sa souveraineté et son rôle de médiateur entre lui-même et les hommes.

I. **Les noms de Dieu en tant que souverain**
1. Il est Yahvé : Celui qui s'appelle «JE SUIS» Jésus est le JE SUIS. Chemin, vérité, vie. Jn.14 :6
2. Pain de vie, Lumière, Porte, Berger. Jn. 6 : 48 ; 8 :12 ; 10 : 9, 11
3. Il dit et fait des choses que personne n'a pu faire. Elohim créa le ciel et la terre. Ge.1 : 1 Jésus créa le ciel et la terre. Jn.1 : 1-2 ; Col.1 :16
4. El-Shaddai est le Dieu Tout-Puissant. Ge.17 :1 Jésus est le Dieu-Tout-Puissant au nom duquel tout genou doit fléchir. Ph.2 : 9-10
5. El Elyon ou Dieu Très-Haut. Il est inaccessible. 1Ti.6 :16 Il se rend accessible pour se faire connaitre. Et la Parole s'est faite chair et elle a habité parmi nous. Jn.1 :14, 18
6. Dieu seul est éternel. Il possède l'immortalité. 1Ti.6 :16 Jésus-Christ est éternel et donne la vie éternelle. 1Jn.5 :20

II. **Dieu dans sa relation avec les hommes**
1. Il prend le nom de Jéhovah. De peur de prendre ce nom en vain, les juifs n'osent même pas y mettre des voyelles pour le prononcer. Ils

préfèrent l'appeler Adonaï qui veut dire Maitre, Seigneur. Ex.20 :3 ; Ge.15 :2,8
Jésus est Jéhovah. Si on veut prononcer son nom, on doit s'éloigner de l'iniquité. 2Ti.2 :19
Pierre déclare que Dieu a fait Seigneur et Christ ce Jésus que vous avez crucifié. Ac.2 : 36

2. Jéhovah-Rapha : Dieu guérit. Ex.15 :26
Jésus est ce Jéhovah-Rapha qui guérit toutes nos maladies et nos infirmités. Mt.8 :17
3. Jéhovah-Shalom : Dieu est paix. Jg.6 :24
Jésus est Jéhovah Shalom qui nous donne la paix. Jn.14 :27
4. Jéhovah-Jiré : L'Eternel pourvoira. Ge.22 :13-14
Jésus est Jéhovah-Jiré qui pourvoie à tous nos besoins car Il a tout entre ses mains à notre disposition. Jn.3 :35 ; 16 : 24 ; Ph.4 :19
5. Jéhovah-Tsidkenu : L'Eternel notre justice. Jé.23 :6
Jésus est Jéhovah-Tsidkenu qui nous justifie. Ro.5 :1 ; Ac.17 :31 ; 2Co.5 :10
6. Jéhovah-Shamma : L'Eternel est ici. Ez.48 :35
7. Jésus est Jéhovah-Shamma dans toutes les circonstances de notre vie.
Mt.18 :20 ; 28 :20 ; Jn.11 : 28
8. Jéhovah-Rohi : L'Eternel mon berger. Ps.23 :1
Jésus est notre souverain berger. Hé.13 :20 ; 1Pi.5 :4
9. Jéhovah-makaddishkem : Dieu me sanctifie. Lé.20 :8 ; 21 :8 ; Ex.31 :13
Jésus est Jéhovah-makaddishkem qui nous purifie par sa Parole et par son sang. Jn.15 :3 ; 17 :17 ; 1Jn.1 :7
10. Jéhovah-Sabaoth:L'Eternel des armées.

1S.17 :45 Jésus est Jéhovah-Sabaoth, le Lion de la tribu de Juda qui répond toujours présent à nos rendez-vous de guerre. No.2 :9 ; Jg.1 :1-2 Demandez à Daniel qui était le gros lion dans la fosse où il était jeté et il vous le dira. Da.6 :16

Conclusion

Ceci dit, entrons prudemment dans la porte du mystère de Dieu avec tout le respect dû à ce qui nous dépasse.

Questions

1. Citez trois noms qui indiquent la souveraineté de Dieu : El-Shaddai, Elyon, Yahvé
2. Citez 5 noms de Dieu dans sa relation avec l'homme Jéhovah-Jiré, Jéhovah-Nissi, Jéhovah-Shamma, Jéhovah-Tsidkenu, Jéhovah-Shalom.
3. Pourquoi Jésus-Christ a-t-il les mêmes attributions que le Père ? Il est le Père aussi.
4. Quelle est la différence entre Jésus et le Christ ?
   Jésus est la partie humaine du Sauveur ; Christ en est le Messie, la partie divine.
5. Pourquoi ne peut-on croire que le Christ soit un petit dieu?
   Il est incréé. Il connait toutes choses et tout homme. Il sauve les pécheurs quels qu'ils soient.

Leçon 1 Dieu, le seul témoin de lui-même

Versets pour la préparation : Ge.1 :1-27 ; Job.38 :5, 22-23 ; Ps.90 :2 ; Es.40 :12-15; 43 :10 ; Ro.1 : 18-23 ; Col.2 :9 ; 2Ti.3 :16-17 ; Hé.1 :13-14
Versets à lire en classe : Job.38 :1-7
Verset à mémoriser : Avant que les montagnes fussent nées et que tu eusses créé la terre et le monde, d'éternité en éternité tu es Dieu. Ps.90 :2
Méthodes : discours, comparaisons, questions
But : Prouver, Bible en main, que nul ne peut être témoin de Jéhovah, sinon que de ses œuvres.

Introduction
Depuis que les temps immémoriaux, l'homme est écrasé par le poids de l'infini. Dans son sens matérialiste, il veut tout prouver par la science. Peut-il tout expliquer de l'existence de Dieu et de ses œuvres? Jamais ! Il doit admettre ce qui suit sans contredit:

I. **Dieu est incréé.**
Il est Dieu dans son essence. Il préexiste à toutes choses et à tout homme étant la cause première de toutes choses. Ainsi, nul ne peut être son témoin que lui-même. Job. 38 : 4 ; Es.43 :10

II. **Dieu est Esprit.**
1. En tant qu'essence, il donne naissance aux esprits que nous appelons anges. Hé. 1 :13-14
2. Il donne naissance à la matière, aux substances. Nous les appelons astres, plantes et animaux. Ge. 1 : 16, 20-27
3. En admettant qu'il n'y a pas de cause sans effet, Dieu est la cause et la création en est l'effet. La cause vient avant l'effet. Un enfant ne peut être témoin de la naissance de sa mère. D'après la loi des êtres, **Il faut être avant de paraitre.** L'homme ne pouvait être avant Dieu ni en même temps que lui. Il ne saurait être Témoin de Jéhovah à moins que ce soit de ses œuvres. Ro.1 : 20

III. **Dieu se révèle.**
Puisque nul ne peut être son témoin, il doit se faire connaitre. C'est pourquoi il se révèle de cinq manières spécifiques.
1. *Par ses œuvres.* Comme Père, Il est créateur de toutes choses. Quand il dit d'Israël : «Vous êtes mes témoins », il fait seulement référence à sa qualité d'un Dieu éternel, d'un sauveur absolu et puissant qu'il faut admettre. Es.40 : 12-15
2. *Par Jésus-Christ.* Comme le médiateur entre le visible et l'invisible, il se révèle dans la personne de Jésus Christ, parfaitement homme, parfaitement Dieu. Col. 2 :9
3. *Par le Saint-Esprit.* Comme le Saint-Esprit, Il est présent et actif dans sa création. C'est Dieu dans son immanence.»(Alistair McGrath,Understanding the Trinity) Ge.1:2

4. *Par notre conscience.* Il se révèle à notre conscience d'être raisonnable. En effet, les perfections invisibles, sa puissance éternelle et sa divinité se voient comme à l'œil nu, depuis la création du monde quand on les considère dans ses ouvrages. Ro.1 :20
5. *Par la Bible.* C'est la dernière révélation de Dieu aux hommes. 2Ti.3 :16

Conclusion

Dieu nous a créés pour sa gloire. Louons-le pour ses hauts faits.

Questions

1. Comment Dieu se manifeste-t-il?
   En trois personnes
2. Pourquoi disons-nous que Dieu est incréé ?
   Il existe par lui-même.
3. Pourquoi l'appelons-nous Père ?
   a. Il amène toutes choses à l'existence.
   b. Il est la cause première de toutes choses
4. Pourquoi nul ne peut être témoin de Dieu?
   a. Nul n'était présent à la création.
   b. Avant lui il n'a point été formé de Dieu
   c. Après lui, il n'y en aura point.
5. Comment Dieu s'est fait-il connaitre ?
   Il se révèle
   a. Par ses œuvres
   b. Par le Saint-Esprit
   c. Par notre conscience
   d. Par Jésus-Christ
   e. Par la Bible

Leçon 2   Dieu dans sa fonction trinitaire

Versets pour la préparation : Ge.1 :1 ; Job.12 :10 ; 36 :26 ; Ps.33 : 6 ; 100 :3 ; Jer. 23 :23 ; Mt.28 :19 -20 ; Jn.1 :14 ; 2 :25 ; Ac.5 :3-4 ; Col.1 :16-17
Versets à lire en classe : Ge.1 :1 ; Ps.33 :6 ; Jn.1 :1-5
Verset à mémoriser : Allez, faites de toutes les nations des disciples, les baptisant au nom du Père, du Fils et du Saint Esprit. Mt.28 :19
But : Présenter la Trinité dans son pouvoir créateur.

Introduction
Le principe d'unité dans la diversité a son origine en Dieu. Il est un Dieu Trinitaire. Il fonctionne suivant ce principe et opère de la même façon dans le monde cosmique et dans ses relations avec l'homme. Faisons des énumérations logistiques.

I. **Dieu dans son essence trinitaire**.
 1. Il n'est pas là pour être compris mais pour être cru et obéi.
 2. La Trinité est un mystère. Nul ne peut le définir. Si vous cherchez à le comprendre, vous perdrez votre tête. Mais si vous refusez de l'admettre, vous perdrez votre âme. Mt.28 :19-20
 3. Nous comprenons les trois unités :

I. **Dans un rapport théologique**.
Quand on dit Dieu : il s'agit du Père, du Fils et du Saint–Esprit. Et voici ses attributs naturels :
 1. Omnipotent : c'est Dieu le Père qui fait tout. Job.12 :10

2. Omniscient, c'est Dieu le Saint-Esprit qui voit tout et sait tout. Jer.23 :23
3. Omniprésent, c'est le Fils, le Dieu révélé, le Dieu fait chair pour habiter parmi nous, pour se rendre accessible et plus compréhensible. Il est partout. Job.36 :26 ; Jn.1 :14 ; Ac.5 : 3-4 ; Jn.2 : 25

Aucune de ces unités ne peut être éliminée de ce principe trinitaire. Nous ne savons pas quand c'est le Père qui opère, quand c'est le Fils ou quand c'est le Saint-Esprit. Ils forment un seul Dieu en trois personnes.

II. Dans la création du monde cosmique

1. La Bible dit « Elohim bara. Dieu créa. Ge.1 :1 ;
2. Le Saint Esprit créa. Ps. 33 :6
3. Jésus, la Parole faite chair, créa. Tout a été créé par lui et pour lui. Il est avant toutes choses et toutes choses subsistent en lui. Col.1 :16-17

Elohim ici c'est Dieu au pluriel, non pas qu'il y ait plusieurs Dieux; *C'est un pluriel de puissance et non de quantité.* Ce Dieu met tout sous une forme trinitaire. Par exemples, quand nous disons :

   a. Le monde : il s'agit de l'eau, de la terre et de l'espace.
   b. La terre : il s'agit du règne animal, du règne végétal et du règne minéral
   c. L'eau : il s'agit de son état liquide, solide ou gazeux
   d. L'espace : il s'agit de la longueur, la largeur et la hauteur.

Aucune de ces unités ne peut être éliminée de ce principe sans qu'elle perde son rôle et sa signification.

Conclusion

Sachez que l'Eternel est Dieu. C'est lui qui nous a faits. Nous sommes son peuple et le troupeau de son pâturage. Venons et adorons le seul Dieu en trois personnes. Ps.100 :3

Questions

1. D'où vient le principe de l'unité ? De Dieu lui-même.
2. Comment Dieu fonctionne-t-il ?
   Suivant un principe trinitaire
3. Pourquoi ne peut-on pas comprendre la Trinité en Dieu?
   C'est un mystère. Si on cherche à le comprendre on perdra la tête
   Si on refuse de l'admettre, on perdra son âme.
4. Comment définir la notion de Trinité dans la théologie ?
   Il s'agit de Dieu le Père, Dieu le Fils et de Dieu le Saint Esprit
5. Quels sont les attributs naturels de Dieu ?
   Il est omniscient, omnipotent, omniprésent.
6. Comment savons-nous qui opère ? Nous ne le savons pas. Ils forment un seul Dieu en trois personnes.
7. Qui créa l'univers ? Dieu en trois personnes
8. Prouvez qu'il fonctionne suivant ce principe dans le monde.

a. Pour le monde, il s'agit de l'eau, la terre et l'espace
b. Pour l'espace, il s'agit de la longueur, la hauteur et la largeur
c. Pour l'eau, il s'agit du liquide, du solide et du gazeux
d. Pour la terre, il s'agit du règne animal, du règne minéral et du règne végétal

Leçon 3 Dieu le Père dans l'exercice de son pouvoir trinitaire

Versets de préparation : Ge.12 :1-3 ; 17 :4-5 ; 21 :5 ; 25 :24-26 ; 32 :27-28 ; Ex. 20 :22 ; 23 : 20-22; No.6 :22-27 ; Es.42 :1-2 ; 1S.8 :5-7 ; Job.37 :7 ; Ps.121 : 5 ; Es.9 :5 ; Mt.12 : 31 ; 16 :18 ; Jn.3 :35 ; 14 :27 ; 16 :13 ; Ac.1 :8 ; Ro.8 :14-17 ; 2Co.1 : 21-22 ; Ga.3 :16 ; Ep.5 :24-27 ; Ap.2 :10
Versets à lire en classe : No.6 :22-27
Verset à mémoriser : Que l'Eternel te bénisse et qu'il te garde ! Que l'Eternel fasse luire sa face sur toi et qu'il t'accorde sa grâce ! Que l'Eternel tourne sa face vers toi et qu'il te donne la paix ! No.6 :24-26
But : Vous présenter une copie de l'acte de naissance d'Israël signée par les trois personnes divines.

Introduction
Si ces personnes sont distinctes, elles restent le même Dieu dans leurs opérations. Voyons le rôle du Père :

Dans l'Ancien Testament
Tout l'Ancien Testament était l'affaire de Dieu avec un peuple, le peuple d'Israël qui devait faire connaitre le vrai Dieu aux nations païennes. Mais comment a-t-il programmé ce plan de salut ?

I. **Il forme un peuple à partir d'un païen.**
　1. Il prit Abram, un païen de Babylone et l'amena en Canaan, la Terre promise. Ge.12 :1-3
　2. D'Abram qu'il appellera Abraham, il eut Isaac. Ge.17 : 4-5 ; 21 :5
　3. Isaac engendra Esaü et Jacob. Ge.25 : 24-26

4. Il choisit Jacob qu'il convertit en Israël. Celui-ci eut douze fils qui forment les douze tribus d'Israël devenues plus tard la nation Israël. Ge.32 : 27-28 ; 35 :22-26

II. Il lui donne un acte de naissance spirituel.
Cet acte est signé par les trois personnes divines. No.6 : 22-27
1. Que **l'Eternel** te garde et te bénisse ! Vous garder c'est le rôle de Dieu le Père. No.6 :24 ; Ps.121 : 5
2. Que **l'Eternel** face luire sa face sur toi ! Imprimer l'Esprit de Dieu sur vous, c'est le rôle de Dieu le Saint Esprit. No.6 :25 ; Ac.1 :8
3. Que **l'Eternel** tourne sa face vers toi et qu'il te donne la paix. C'est le rôle de Dieu le Fils, le prince de la paix. No.6 : 26 ; Es.9 :5 ; Jn.14 :27

Remarquez que c'est le même **Eternel en trois personnes** qui garde, illumine et donne la paix. Il prend différents noms suivant le rôle qu'il jouit.

C'est ainsi que ce peuple reçoit le sceau de Dieu sur lui.No.6 :.27

a. Tout homme porte sur la main le sceau de Dieu comme sa créature. Job.37 :7
b. Tout Israël est marqué de son sceau comme un peuple choisi. No.6 :27
c. Tout chrétien porte sur lui le sceau de Dieu comme nouvelle créature, adoptée par Dieu en Jésus-Christ. Ro.8 :14-17; 2Co.1 :21-22

III. Le rôle du peuple d'Israël
1. Connaitre Dieu pour le faire connaitre. Ex. 20 :22 ; Es.49 :6
2. Mais Israël a failli. 1S. 8 : 5-7

3. Dieu le met de côté momentanément pour sauver les païens.
Es. 42 : 1-4 ; Jn.3 :16 ; Ro.11 :25

IV. Le rôle de l'Eglise

1. Remplacer Israël dans son rôle de sauver le monde. Gagner les âmes pour Christ. Mt.16 :18
2. Rester fidèle à Christ jusqu'à son retour. Ap.2 : 10

Remarques :
a. L'Eglise sera l'épouse de Jésus-Christ qui habitera avec lui dans la nouvelle Jérusalem. Ep.5 :24-27
b. L'Eglise prouvera qu'Abraham est une source de bénédictions pour tous, juifs et païens. Ge.12 : 2-3 ; Ga.3 :16

Conclusion

Voyez l'intervention de Dieu dans le destin des hommes ! Bénissez son nom pour sa compassion et sa miséricorde!

Questions

1. De quoi l'Ancien Testament traite t-il ?
   De l'affaire de Dieu avec le peuple d'Israël.
2. D'où vient le peuple d'Israël ?
   D'Abraham, d'Isaac et de Jacob
3. Pourquoi parlons-nous des douze tribus d'Israël ?
   Parce que Dieu avait changé le nom de Jacob en Israël.
4. Qui a signé l'acte de naissance d'Israël ?
   Dieu en trois personnes
5. Où Dieu met-il son sceau sur l'homme ?
   Sur la paume de ses mains.
6. Où Dieu met-il son sceau sur le chrétien ? Sur tout son être.
7. Pourquoi Dieu a-t-il institué l'Eglise ?
   a. Pour remplacer Israël défaillant dans sa mission de faire connaitre le vrai Dieu aux païens.
   b. Pour chercher les âmes pour Christ
   c. Pour être l'épouse de Christ
   d. Pour confirmer qu'Abraham est une source de bénédictions pour tous les peuples.

Leçon 4 Dieu le Fils dans l'exercice de son pouvoir trinitaire

Versets pour la préparation : Jg.13 :18 ; Ps.34 :8 ; Es.9 :5 ; Hé.1 :1 ; Mt. 2 :11 ; 3 :17 ; 6 :33 ; 28 :18 ; Lu.5 :20 ; 19 :10 ; Jn.1 : 1-4 ; 35-36 ; 3 : 35 ; 7 :46 ; 11 :25 ; 14 : 3-11, 27 ; 15 :22 ; Ro.8 :1 ; 13 :14 ; 2Co.5 :10 ; 1Th.4 :16 ; Hé.1 :6-13 ; 1Jn. 2 :1 ; 3 :8 ; Ap.6 :15-17
Versets à lire en classe : Mt. 28 :16-20
Verset à mémoriser : Jésus, s'étant approché, leur parla ainsi : Tout pouvoir m'a été donné dans le ciel et sur la terre. Mt. 28 : 18
But : Montrer l'autorité de Jésus-Christ au même degré que celui de Dieu le Père et Dieu le Saint-Esprit.

Introduction
Autrefois, Dieu parlait aux anciens par les juges, les prophètes et les sacrificateurs. Dans les derniers temps, il nous parle par son héritier, Jésus-Christ. Comment interpréter ce langage biblique et théologique? Hé.1 :1

I. Son investiture a été faite en public
1. A son baptême, aux eaux du Jourdain, le ciel est mis en branle. Le Saint-Esprit descendit sur lui sous la forme d'une colombe. Le Père prononça son discours : «Celui-ci est mon Fils bien-aimé en qui j'ai mis **toute** mon affection ». Mt.3 :17
2. Aussi a-t-il remis **toutes choses** entre ses mains. Jn.3 :35
   « Toutes choses » ici est mise pour : le pardon, la vie, la paix, le salut, la protection, la joie, la guérison, les biens matériels, la victoire sur le

diable, le monde, la chair. Toutes choses !...
Mt.6 :33 ; Jn.1 : 4 ; 3 :16 ; 14 :27 ; Lu.5 :20 ; Ro.8 :1

II. **Son projet de société est aussi établi.**
 1. Sauver le monde. Jn.3 :16
 2. Détruire les œuvres du diable. 1Jn. 3 : 8
 3. Servir de pont entre nous et son Père pour nous amener au paradis de Dieu. Jn.14 :3, 6

III. **Ses méthodes d'opération**
 1. Il s'habille de notre humanité pour demeurer parmi nous. A son tour, Il nous habille de sa divinité pour nous amener à son Père. Lu.15 :22 ; Jn.1 :14 ; Ro.13 :14
 2. Il prendra les mêmes noms que le Père pour opérer dans le Nouveau Testament.
 On l'appellera donc Admirable, Conseiller, Dieu puissant, Père éternel, Prince de la paix. Jg. 13 :18 ; Es.9 :5 ; Jn.1 : 1 ; 7 :46 ; 14 :8-11
   a. Dans l'Ancien Testament il s'appelait l'Ange de l'Eternel pour nous défendre. Ps.34: 8
   b. A la croix il est l'Agneau de Dieu qui efface le péché du monde. Jn.1 :35-36
   c. C'est encore lui notre avocat auprès du Père. 1Jn.2 :1
   d. A la fin du monde il siègera en juge pour condamner les impénitents. 2Co.5 :10 ; Ap.6 :15-17

III. **La source de son autorité**.
 Elle vient de sa divinité.
 1. Le terme « Ainsi parle l'Eternel » n'est plus répété dans le Nouveau Testament. Pourquoi?

Parce que Jésus-Christ est aussi le Père Eternel avec tout pouvoir entre ses mains. Es.9 :5 ; Jn.3 :35 ; Mt.28 :18

2. A son départ, le Fils va déléguer le même pouvoir au Saint-Esprit. Jn.16 :13 *Il ne s'agit pas d'un petit dieu délégant un pouvoir à une influence*. C'est le Dieu fait homme pour se reconquérir dans l'homme. Lu.19 :10 le **CE** (au singulier) **qui était perdu** n'est autre que l'image de Dieu en l'homme que Jésus vient restaurer.

3. Seul Dieu reçoit l'adoration. Jésus est Dieu. Les mages l'adorent; Les anges l'adorent. Mt.2 :11 ; Hé.1 :6

3. Dieu le proclame Dieu, roi, créateur. Hé.1 : 8

5. Dieu le proclame souverain sur tous et sur tout. Hé.1 : 10,13

6. Un archange l'annoncera mais lui seul a droit d'emboucher la trompette pour ressusciter les morts car il est la résurrection et la vie. Jn.11 : 25 ; 1Th.4 :16

Conclusion

Je le regretterai infiniment pour vous qui prenez Jésus pour un petit dieu, qui nie son égalité au Père et qui nie aussi la divinité du Saint-Esprit. C'est déjà assez pour exciter la colère de l'agneau au dernier jour. Repentez-vous ! La porte de la grâce est encore ouverte. Dépêchez-vous! Es.9 :5 ; Jn.14 : 8-10; Ac. 5 : 3, 5

Questions

1. Quand, comment et où Dieu introduit-il Jésus-Christ au monde ?
   a. A son baptême dans les eaux du Jourdain
   b. Le Saint Esprit descendit sur lui sous la forme d'une colombe
   c. Dieu déclare : « Celui-ci est mon Fils bien-aimé en qui j'ai mis toute mon affection.
2. Que veut-il dire par « toutes choses remises entre les mains de Christ ? »
   Le pardon, la vie, la paix, le salut, la protection, la joie, la guérison, les victoires sur le diable, le monde et la chair.
3. Quel était son projet de société ?
   a. Sauver le monde
   b. Détruire les œuvres du Diable
   c. Nous amener à son Père dans le paradis
4. Comment s'y prend t-il ?
   a. Il s'habille de notre humanité pour demeurer parmi nous
   b. Il nous habille de sa divinité pour nous amener à son Père.
5. Citez cinq de ses noms dans la Bible : Dieu Puissant, Père Eternel, Prince de la paix, Agneau de Dieu, Avocat
6. Qui embouchera la trompette à l'avènement de Christ ? Jésus-Christ lui-même
7. Pourquoi ? Il est la résurrection et la vie. Lui seul peut ressusciter les morts.

Leçon 5 Dieu le Saint-Esprit dans l'exercice de son pouvoir trinitaire

Versets pour la préparation: Ex.23 : 20-22 ; 1S.9 :9 ; Mt.12 :31 ; Jn. 4 :24 ; 16 :13 ; Ac.2 :17-18 ; 5 :3-4 ; Ro.8 :9 ; 1Co.6 :19-20
Versets à lire en classe : Jn.16 :7-15
Verset à mémoriser : Quand le consolateur sera venu, l'Esprit de vérité, il vous conduira dans toute la vérité. Jn.16 : 13a
But : Montrer le rôle équitable du Père, du Fils et du Saint Esprit dans la trame de notre salut.

Introduction
Le Saint-Esprit est-il une influence ou bien Dieu exerçant son influence? Faisons le point.

I. **Un résumé sur la Sainte Trinité.**
Inutile de vous répéter que dans l'Ancien Testament, on voit la manifestation de Dieu le Père. Dans le Nouveau Testament, c'est plutôt celle de Dieu le Fils, et dans l'histoire de l'Eglise c'est celle du Saint Esprit appelé à nous conduire dans toute la vérité. Jn.16 :13

II. **Quelle est la nature du Saint-Esprit?**
Il est Dieu. Le même dû au Père et au Fils est le même exprimé par le Fils au Saint Esprit. Ex.23 : 20-22; Mt.12 : 31-32
Dieu est Esprit dit Jésus, et non une influence. Il doit être adoré en esprit et en vérité. Jn.4 :24

II. Rôle du Saint-Esprit

1. Dans l'Ancien Testament : Opérer à travers les sacrificateurs, les juges et les prophètes qu'on appelait les voyants. 1S.9 :9
2. Dans le Nouveau Testament : Opérer à travers les serviteurs et les servantes du Seigneur. Ac.2 :17-18
3. Agir en tant que personne. Nul ne peut impunément lui mentir. Ac.5 : 3-4
4. Convaincre le monde en ce qui concerne le péché, la justice et le jugement.
5. Interpréter nos prières auprès de Dieu, les mettre dans le format que le ciel approuve. C'est un décodeur gratuit au service des sept billions d'hommes sur la planète.
Ps.33 : 13 ; Ro.8 :26
6. Authentifier notre appartenance à Dieu. Dès la conversion, nous sommes devenus enfants de Dieu. Le Saint-Esprit met son sceau sur nous et empêche au Diable de nous réclamer. Nous devenons une habitation de Dieu en Esprit. 1Co.6 :19-20
   a. Si quelqu'un n'a pas l'Esprit de Christ, il ne lui appartient pas.Ro.8 :9
   b. Nous devons agir de manière à ne pas l'attrister. On ne peut attrister l'électricité parce qu'elle n'est pas une personne. Mais on peut pécher contre le Saint-Esprit qui va réagir. Mt.12 :31
   Et comment pourra-t-on parvenir au Père si l'Esprit ne nous conduit pas dans toute la vérité? Jn.16 :13

Remarque : En tant que personne divine, le Saint Esprit agit d'après son rôle. Le médecin au volant de sa voiture porte toujours le même nom comme chauffeur, médecin et époux de sa femme. Ainsi notre Dieu demeure le même dans des acceptions différentes. Ne soyez plus arrogants ! Ça vous coûtera trop cher !

Conclusion

Dieu demeure le même en tout temps. Il est l'auteur de notre salut. Croyez en lui sous quelle que soit la façon qu'il lui plaise de vous adresser.

Questions

1. Comment le Saint–Esprit opérait-il dans l'Ancien Testament ?
   A travers les juges, les sacrificateurs et les prophètes ou voyants
2. Comment opère-t-il dans le Nouveau Testament ?
   A travers les serviteurs et les servantes du Seigneur.
3. Prouvez que le Saint-Esprit est une personne
   a. On lui doit le même respect conféré au Père et au Fils.
   b. Il parle, il met son sceau sur nous ; on peut lui mentir et l'attrister.
4. Quel est son rôle majeur ?
   a. Nous instruire dans tout ce qui concerne Jésus-Christ.
   b. Interpréter nos prières et les mettre dans le format que le ciel approuve.
   c. Convaincre le monde de péché, de justice et de jugement

Leçon 6   Le Dieu Trinitaire dans le salut de l'homme

Versets pour la préparation : Ge.1 :28 ; 3 :9-11, 22-24; Mt.3 :16-17 ; 27 : 45-50 ; 28 :19-20 ; Jn.1 :29 ; 3 :16 ; 14 :6 ; Ro.5 : 1 ; Ap.22 :4
Versets à lire en classe : Jn.1 :29-36
Verset à mémoriser : Le lendemain, il vit Jésus venant à lui, et il dit : « Voici l'agneau de Dieu qui ôte le péché du monde ». Jn.1 :29
But : Montrer le mécanisme de notre salut par la coopération des trois personnes de la Sainte Trinité.

Introduction
Il est curieux de remarquer que Dieu met en mouvement les trois personnes de la Sainte Trinité pour créer l'homme et le faire fonctionner. L'expression « Faisons l'homme » met en relief Dieu se parlant à lui-même pour une opération parfaite.

I. Il créa le genre humain
1. Il s'agit d'un être trinitaire ayant : corps, âme et esprit.
2. Il entend qu'Adam fonctionne sous sa direction, que la terre soit remplie des fils d'Adam qui soient aussi les fils de Dieu, des mystères comme lui.
3. L'homme devrait :
    a. Se détourner de l'Arbre de la connaissance du bien et mal pour tourner les regards vers Christ, l'Arbre de vie.
    c. Attendre que Jésus lui donne accès à son Père. D'ailleurs nul ne vient au Père que par lui. Jn.14 : 6 ; Ap.22 : 14.

d. Tout son être « le corps, l'âme et l'esprit » était enveloppé de la gloire de Dieu. Il n'était pas nu. Dans cette condition, il avait pu dominer la planète. Ge. 1 :28

II. **La chute de l'homme.**
   On ne finira pas d'en parler.
   1. Sa chute était dans la désobéissance. Le péché de l'homme n'était pas dans le fruit mais dans le désir de prendre une décision en dehors de la volonté de Dieu.
   2. Décision du châtiment. Elle vient des trois personnes de la Sainte Trinité : « Voici, l'homme est devenu **comme l'un de nous** … **Empêchons-le**… C'est là une décision collective des 3 personnes divines. Ge. 3 :22
   3. La chute était achevée quand l'homme voulut s'excuser: L'un veut jeter le blâme sur l'autre. A la fin, Dieu les chassa du paradis pour avoir voulu nier la gravité de leur forfait. Ge.3 : 24

III. **Sa réhabilitation**
   La Sainte Trinité contribue à sa restauration.
   1. Les trois personnes en Dieu étaient distinctes dans le baptême de Jésus. Mt.3 :16-17
   2. Les trois étaient distinctes dans la Grande commission. Mt.28 :19
   3. Mais au calvaire, Jésus seul est offert en sacrifice comme l'agneau de Dieu immolé pour nos péchés. Jn.1 :29 ; M.27 :45-46
   4. Jésus accepta la mort par amour pour nous sauver. Le Christ l'a ressuscité pour notre justification. Jn.3 :16; Ro.5 :1

Conclusion
Livrons-nous tout entier à ce Dieu admirable !

Questions

1. Citez nous les termes qui traduisent l'idée de la Trinité : « Faisons l'homme », «Voici l'homme est devenu comme l'un de nous », « Empêchons-le » …
1. Pourquoi disons-nous que l'homme est une trinité ? Il est formé de trois parties distinctes : le corps, l'âme et l'esprit.
2. Pourquoi disons-nous qu'il est mystère ?
Parce qu'il est fils de Dieu qui est mystère.
3. Comment était–il avant le péché?
Couvert de la gloire de Dieu
4. Comment définir sa nudité ?
Il devint privé de la gloire de Dieu
5. Cochez la vraie réponse.
Le péché était __ Dans le fruit __ Dans le sexe __ Dans la désobéissance à la voix de Dieu.
6. Cochez la vraie réponse :
Dieu abandonna Jésus à la croix
    a. Parce qu'il avait peur de Pilate
    b. Parce que Jésus l'a renié.
    c. Parce que Christ est l'agneau de Dieu immolé avant la fondation du monde en vue d'expier nos péchés.

Leçon 7 Le Dieu Trinitaire dans le plan du salut de l'homme (suite)

Versets pour la préparation : Lu.23 :43-46 ; Jn.3 :16 ; 6 :51 ; 20 :22 ; Ac.2 :38 ; Ro.3 : 4, 23 ; 8 :14 ; Col.1 :15 ; Ap.7 :9-10
Versets à lire en classe : Ap.7 : 9-17
Verset à mémoriser : Après cela, je regardai, et voici, il y avait une grande foule, que personne ne pouvait compter, de toute nation, de tout peuple et de toute langue. Ap.7 :9a
But : Prouver que le salut de Dieu s'étend sur le monde entier et n'est jamais limité à 144,000 personnes.

Introduction
Dieu joue le tout pour le tout. Il veut que tous les hommes soient sauvés et parviennent à la connaissance de la vérité. Pour cette opération de sauvetage, Il met le ciel en branle. 1Ti.2 :4 Voyons comment il s'y prend.

I. La Trinité entre en jeu pour le salut de l'homme
1. Dieu prévoit un plan global, universel pour la rédemption de l'homme pécheur. Jn.3 :16
2. Et pour cela il établit un pont de médiation entre le ciel et la terre, entre le visible et l'invisible. Jésus est ce pont. Jésus est la partie humaine visible dont le Christ est la partie divine invisible. C'est cette partie invisible qu'il imprime en nous à la conversion. 1Co.15 : 49
3. Dieu ne pouvait envoyer un ange mourir sur la croix pour nous sauver. Il devait venir pour se récupérer lui-même dans notre salut.

4. Ce salut s'étend non seulement sur le reste d'Israël symbolisé par 144,000 élus, mais sur le monde entier. Ap.7 : 9-10
5. La multiplication des pains c'est le symbole d'un Dieu qui veut distribuer sa vie à chacun de nous en particulier. Jn.6 :51
   a. **Dieu le Père** décide : « Il a donné son Fils unique». Jn.3 :16
   b. **Dieu le Fils** exécute la décision : Il est le second Adam, l'image du Dieu invisible pour racheter l'humanité perdue. Col.1 :15
   c. **Dieu le Saint-Esprit** restaure en nous la gloire de Dieu dont Adam et le monde entier étaient dépouillés après la chute. Ro.3 :23
   d. Et maintenant nous sommes enfants adoptés de Dieu, sauvés par grâce, ayant droit à la vie de Dieu. Ro. 8 : 14

II. **Ce salut est actuel, immédiat et définitif.**
Jésus l'affirma au larron quand il lui dit : «Aujourd'hui même, tu seras avec moi dans le paradis » en sorte que si le bon larron n'est pas dans le paradis, Jésus n'y est pas non plus. Le corps peut être dans la tombe, ou bien mutilé[24] et même brulé, mais l'esprit est rendu à Dieu. Lu.23 :43, 46

---

[24] Mutiler v.t. Détériorer, détruire partiellement

Conclusion

Prenons Dieu au mot. Il confirme ses déclarations par des évidences irréfutables[25]. Que Dieu soit reconnu pour vrai et tout homme pour menteur. Ro. 3 :4

Questions

1. Pourquoi Dieu s'incarne-t-il pour venir à nous ?
   Pour servir de liaison entre l'homme visible et le Dieu invisible
   Jésus-Christ est donc Dieu et homme à la fois.
2. Réagissez à cette déclaration des témoins de Jéhovah. 144,00 personnes seront sauvées.
   a. Jésus a fait provision pour le salut du monde entier.
   b. Les gens de toute tribu, de toute langue et de toute nation sont invités à recevoir ce salut.
3. Que symbolise la multiplication des pains ?
   Dieu qui veut se partager et s'offrir à chacun en particulier.
4. Où est le bon larron ? Au paradis de Dieu
5. Comment le savons-nous ? Jésus le lui avait promis

---

[25] Irréfutable adj. Indiscutable

Leçon 8   Dieu le Fils dans le cadre de la Trinité

Versets pour la préparation : Es.9 :5 ; Mt.1 :21 ; Jn. 1 :14 ; 5 :23 ; 6 :54 ; 8 :58 ; 11 :25-26 ; 14 :7-30 ; 2Co.5 :19 ; Col.1 : 15-17 ; 1Jn.5 :20 ;
Versets à lire en classe : Col.1 :15-17 ; 1Jn.5 :20
Verset à mémoriser : Nous savons que le Fils de Dieu est venu et qu'il nous a donné l'intelligence pour connaitre le Véritable ; et nous sommes dans le Véritable, en son Fils Jésus-Christ. C'est lui qui est le Dieu véritable et la vie éternelle. 1Jn.5 :20
But: Présenter Jésus-Christ comme le Dieu véritable parmi nous.

Introduction
Y a-t-il lieu de minimiser la personne de Jésus-Christ dans l'ordre de la Trinité? C'est une erreur à ne pas commettre. Dieu est indéfinissable.

I. L'exigence de cette unité
1. L'unité du Père au Fils et au Saint-Esprit est telle que celui qui n'honore pas le Fils n'honore pas non plus le Père. Jn.5 :23
   a. Quand Jésus dit : « Mon Père est plus grand que moi », il fait référence à une hiérarchie d'autorité et non d'âge. L'Esprit n'a pas d'âge. Jn.14 :28
   b. Jésus est Père Eternel. Il est dans le Père et le Père est en lui. Es.9:5 ; Jn.14 : 7-11, 30
   c. Par sa position, son autorité et son essence, il est égal au Père. Dieu était en Christ pour réconcilier le monde avec lui-même. 2Co.5 :19
2. Le Père est le Dieu véritable. Jésus est aussi le Dieu véritable, et la vie éternelle. Deux

quantités égales à une même troisième sont égales entre elles. JÉSUS EST LE DIEU VERITABLE! 1Jn.5 :20
3. Il est le premier-né de toute la création
   a. Christ est incréé comme le Père. L'expression «premier-né» du grec prôtôtokos, attribuée au Seigneur Jésus a le sens d'une primauté plutôt que celui d'une origine. Paul dit : **Il est** avant toutes choses, et non **« il fut »** avant toutes choses. Col.1 :17
   b. Rappelez-vous que le temps présent est souvent utilisé dans la Bible pour décrire l'éternité de la Divinité. Le Seigneur dit par exemple : «Avant qu'Abraham «**fût**», **je suis** et non **j'étais** car **il vit dans un éternel présent**. Jn.8 :58
   c. Jésus-Christ c'est Dieu venu à nous sous une forme humaine. C'est le Dieu de la Révélation, Emmanuel, Dieu avec nous la Parole faite chair. Mt. 1 :21 ; Jn.1 :14
   d. Il est maitre et créateur de toutes choses visibles et invisibles. Partant il ne peut être l'Archange Michel puisqu'il est le créateur des anges. Col.1 :16
4. Il est aussi le premier-né d'entre les morts.
   Cela ne veut pas dire que Jésus ait été le premier à être ressuscité d'entre les morts. Il fut le premier ressuscité des morts à ne plus mourir par la suite, le premier à ressusciter avec un corps glorieux. Sa résurrection incarne la promesse de la même résurrection à tous les chretiens. Jn. 6 :54 ; 11 : 25-26

Qu'il soit donc reconnu comme « le champion de la vie et le champion sur la mort. »

Conclusion
Adorons et servons Jésus-Christ notre Dieu, Seigneur et Sauveur !

Questions

1. Que veut dire Jésus dans l'expression : « Mon Père est plus grand que moi »? Il fait référence à une hiérarchie d'autorité et non d'âge.
2. Pourquoi ? L'Esprit n'a pas d'âge.
3. Pourquoi Jésus-Christ est-il appelé Père Eternel ? Il est dans le Père et le Père est en lui.
4. Que veut dire ici premier-né de toute la création? Il fait référence à la prééminence, à la primauté de Christ et non à son origine.
5. Que veut dire « premier-né d'entre les morts ?
    a. Il fut le premier à être ressuscité des morts pour ne point mourir ensuite.
    b. Il est le premier à être ressuscité avec un corps glorieux.
    c. Il est le seul à incarner la promesse que ceux qui sont morts en Christ connaitront aussi une glorieuse résurrection.
6. Quel titre pourrons-nous conférer à Christ ? Champion de la vie, Champion sur la mort.

Leçon 9 Le Dieu Trinitaire dans la vie sociopolitique de l'homme

Versets pour la préparation : Ge.2 :18 ; 5 : 6-7 ; No. 1 :52 ; 2 : 3, 10, 18, 25 ; 23 :3,10, 18, 25 ; Jos.24 :15 ; Ps.46 : 2 ; Ps.110 :3 ; Es.13 :3 ; Mt.17 : 25-27 ; Lu.20 :25 ; Jn.3 :16,36 ; Ro.3 :6 ; 13 :1-7 ; 2Co.5 :10 ; Hé.12 :29 ; 1Pi.1 :18-19 ; 1Jn.2 :1
Versets à lire en classe : Ro.13 : 1-7
Verset à mémoriser : C'est pourquoi, celui qui s'oppose à l'autorité, résiste à l'ordre que Dieu a établi, et ceux qui résistent attireront une condamnation sur eux-mêmes. Ro.13 :2
But : Montrer que la vie sociale et politique de l'homme reflète le principe trinitaire dans le gouvernement de Dieu.

Introduction
Le Dieu Trinitaire a fondé la famille à partir de trois personnes : le père, la mère et le ou les enfants. Dans quel but ?

I. **Pour peupler la terre**
   1. Pour vivre en société. L'élément isolé devient sauvage et diminue sa valeur d'homme selon Dieu.
      a. Il lui faut appartenir à une famille, a une société, à un peuple, à une nation.
      b. Dieu est le Dieu de la patrie. Il s'appelle l'Eternel des Armées, le Dieu des nations. Chaque tribu d'Israël avait son drapeau et personne ne l'a jamais adoré. En le saluant on ne fait qu'honorer le courage, le sacrifice

des pères de la patrie, les martyrs pour la liberté. No.1 :52
   c. On verse son sang pour la patrie. On donne son sang pour sauver une personne.
   d. Jésus a versé son sang pour nous sauver. Comment vous attribuer le titre de Témoins de Jéhovah sans respecter le drapeau, sans vouloir donner votre sang pour sauver quelqu'un?
   e. Comment se dire Témoin de Jéhovah si on refuse le service militaire, si on refuse de voter?

II. **Pour gérer le comportement des hommes**
  1. Dieu agit suivant trois pouvoirs. Il crée, il donne sa loi à son peuple et il juge les actions coupables des hommes. Son amour pour nous sauver va de pair avec sa justice pour punir les rebelles. Jn.3 : 16, 36
     a. Dans son amour il nous donne tout. Dans sa justice il punit tout. Il est l'Eternel des armées et a sa sainte milice dans le ciel. Ps.110 :3 ; Es. 13 :3
     b. Jésus notre avocat aujourd'hui, siègera en juge au dernier jour.
        1Jn.2 :1 ; 2Co.5 :10
  2. De même, l'homme forme un gouvernement avec un pouvoir trinitaire. : Exécutif, judicaire, législatif.
     a. L'Exécutif est le chef de gouvernement pour diriger les destinées de la nation.

b. Le législatif fait les lois que l'Exécutif promulgue[26].
c. Le pouvoir judiciaire applique la loi pour assurer l'ordre public et punir les coupables.
d. Le gouvernement néanmoins prévoit tous les services sociaux pour le bien-être des contribuables. (Hôpitaux, électricité, communication, écoles, routes, assistance sociale…)
e. Jésus vous demande de respecter la loi, de voter, de payer les taxes dues à l'Etat et de respecter la liberté des autres. Mt.17 :25-27 ; Lu.20 :25 ; Ro.13 :1-7

Conclusion

Si vous ne respectez pas les lois ici-bas, croyez-moi, vous êtes citoyen d'une autre planète où Jésus n'ira pas vous chercher.

En tant que témoins de Jésus-Christ, obéissons au principe trinitaire de gouvernement.

---

[26] Promulguer v.t. Décréter, ordonner, édicter

Questions

1. Pourquoi disons-nous que la famille est une trinité ?
   Elle est formée de trois personnes : le père, la mère, le ou les enfants
2. Comment Dieu se nomme-t-il ? L'Eternel des armées
3. Est-ce de l'idolâtrie que de saluer le drapeau ?
   Non. C'est un honneur rendu aux pères de la patrie.
4. Vrai ou faux
   a. Si je donne mon sang à quelqu'un je lui passe mes qualités et mes défauts __ Vrai __ Faux
   b. Si je meurs pour la patrie, j'irai en enfer __ Vrai __ Faux
   c. Dieu a ses milices dans le ciel. __ V __ F
   d. Dieu exerce son pouvoir exécutif, législatif et judiciaire sur la terre. __ V __ F
   e. Un citoyen chrétien doit voter. __ V __ F
   f. Un chrétien ne peut faire la politique. __ V __ F
   g. Un chrétien peut être chef d'Etat. __ V __ F

Leçon 10 Le Dieu Trinitaire dans l'eschatologie

Versets pour la préparation : Mt. 24 :36-41 ; Jn.10 :28 ; 14 :6 ; 1Co.15 : 45-55 ; 2Co.5 : 2, 10 ; 2Pi.3 :7 ; Ph.3 :20 ; Col.3 :3 ; Ap.2 : 7, 11, 17, 29 ; 7 :9-10
Versets à lire en classe : Ap.7 : 4-17
Verset à mémoriser : Car quiconque invoquera le nom du Seigneur sera sauvé. Ro.10 :13
But : Vous renseigner sur la fin de la planète et sur le bonheur des chrétiens.

Introduction
Comment établir la relation avec un Dieu invisible sans un intermédiaire visible? Heureusement la Parole de Dieu s'est faite chair pour habiter parmi nous. Que veut-il nous apprendre ?

I. Que le paradis perdu en Adam est retrouvé en Jésus, le dernier Adam. 1Co.15 :45-48
1. Il nous donne la vie éternelle. Jn10 :28
2. Il a vaincu la mort pour nous amener au Père. Jn.14 :6 ; 1Co.15 :55

II. Que Dieu a fixé notre sort dans l'Au-Delà
1. Le Père décidera de la fin. Mt.24 :36 ;
2. Le Saint-Esprit est chargé de nous en avertir. Ap.2 : 7, 11, 17, 29
3. Le Fils siègera en juge des nations. 2Co.5 :10
4. Cette terre est réservée pour le feu. 2Pi.3 :7
5. Nous aurons à vivre avec Christ dans le ciel.
   a. Il vient du ciel. Jn.3 :13. Il a fait de nous des citoyens des cieux. Ce sera là notre

habitation. Phi.3 :20 C'est là que nous serons avec lui dans la gloire. Col.3 : 3
   b. Nous porterons un habit céleste appelé « domicile céleste ». 2Co.5 :2
   c. Nous partagerons la gloire de Christ avec tous les rachetés qui ne seront pas seulement 144,000 mais des chrétiens de toute tribu, de toute nation, de toute langue, un nombre incalculable. Ils loueront Dieu pour leur salut. Ap. 7 :9-10

III. Mais il fixe ses conditions

Vous devez :
1. Retourner à Dieu, votre Père, comme jadis l'enfant prodigue. A ce moment, il vous habille de son manteau de justice. C'est l'uniforme de tous les rachetés. Vous serez jeté à la porte si vous n'avez pas cet habit de noces. Mt.22 :11-14 ; Lu.15 : 20-24
2. Marcher avec Dieu jusqu'à la fin. Mt. 24 : 13
3. Et alors seulement Christ vous revêtira du domicile céleste, la robe de l'épouse. 2Co.5 : 2-4

Conclusion

Jésus viendra chercher son Eglise et non la Salle du royaume. Soyez membres du corps de Christ pour être vêtus comme lui du domicile céleste.

Questions

1. Cochez la vraie réponse.
   Pour décider la fin du monde,
   a. Il faudra une réunion au sommet des Nations Unies
   b. Il faut la décision de tous les chefs d'Etat du globe.
   c. Dieu seul en a la réponse.
2. Cochez les vraies réponses
   a. Tous les pauvres seront sauvés.
   b. Tous ceux qui sont revêtus du manteau de justice sont qualifiés pour revêtir le domicile céleste.
   c. Ce manteau est en liquidation dans les magasins
   d. Si on ne l'a pas, on peut le prêter d'un chrétien qui en a deux
   e. Le Saint-Esprit est chargé de nous avertir de la fin.

Leçon 11   Le Dieu Trinitaire dans la fin de Satan

Versets pour la préparation: Mt.25 :37-46 ; Jn.12 :27-31 ; 2Co.5 :10 ; Col.2 :15;   2Th.1 :7-10 ; 1Jn.3 :8 ; Ap.20 :10-14 ; 19 :20
Versets à lire en classe : Mt.25 :37-46
Verset à mémoriser : Maintenant a lieu le jugement de ce monde ; maintenant le prince de ce monde sera jeté dehors. Jn.12 :31
But : Présenter Jésus-Christ comme finaliste dans le grand championnat mondial contre le Diable.

Introduction
Dans son projet de société, Jésus a déclaré par la bouche de l'apôtre Jean qu'il est venu pour détruire les œuvres du Diable. 1Jn.3 :8 Comment a eu lieu le processus de cette destruction ?

I. Par la crucifixion de Jésus-Christ sur le calvaire.
1. A l'approche de l'heure de la crucifixion, il envoya un télégramme à son Père pour obtenir une manifestation visible. La réponse est venue sans délai. Du haut de son trône, le Père tonna cette parole: « Je l'ai glorifié et je le glorifierai encore ». La foule l'a entendu. Jn.12 : 27-30
2. Dès lors, Jésus déclare que la partie est gagnée. Le jugement de Satan est arrêté. Jn.12 :31
3. Il ira à la croix sans peur. Retenez que la partie humaine de Jésus-Christ était sujet à toutes les faiblesses.
4. Il avilit sur la croix toutes les puissances de Satan qui nous retenaient esclaves. Col.2 :15

II. **Par le jugement des impénitents de tous les temps.**
1. Durant ses trois jours dans la tombe, il était allé prêcher aux esprits en prison. C'étaient les incrédules du temps de Noé qui refusaient d'entrer dans l'arche. 1Pi.3 :18-20 Il leur donne rendez-vous à son Tribunal pour le jugement dernier. 2Co.5 :10
2. Ils subiront un châtiment éternel. 2Th.1 :7-10
3. C'est une erreur de croire que le châtiment de Dieu sera provisoire. Car si la vie éternelle, la mort est aussi éternelle. Dieu ne fera jamais grâce au pécheur rebelle. Es.26 :10 ; Mt.25 :41

III. **Par la fin de la planète Terre**
1. Il mettra fin à la mort et au séjour des morts. Ap.20 : 13-14
2. Il jettera Satan, la Bête et le faux prophète dans l'étang de feu. Ap. 19 :20 ; 20 :10
3. Il y jettera aussi ceux qui portent sur eux la marque de la Bête. Ap.13 :9-12
4. « La terre et tout le système solaire ne seront plus » selon Ap.20 :11. Il viendra avec de nouveaux cieux et une nouvelle terre. 2Pi.3 :13 ; Ap.21 : 1

Conclusion
Avez-vous déjà eu votre passeport en main pour ce grand jour ? Est-il signé à l'immigration du Calvaire avec le sang de Jésus-Christ? Dépêchez-vous avant de faire face à la grande réalité.

Questions
1. Quel est le but de Jésus-Christ ?
Détruire les œuvres du Diable

2. Comment s'y prend-t-il ?
   Il avilit sur la croix toues les puissances de Satan qui nous asservissaient.
3. Comment eut-il la confirmation du ciel ?
   Le Père fit entendre à tous cette déclaration : « Je l'ai glorifié et je le glorifierai encore. »
4. Comment croyons nous que l'enfer est éternel ?
   a. Jésus descendit dans le séjour des morts pour signifier le jugement aux incrédules du temps de Noé, mort depuis plus de 4000 ans.
   b. Si la vie est éternelle, la mort l'est aussi.
   c. Si l'on fait grâce aux méchants, ils n'apprendront pas la justice.
   d. Ils doivent savoir dès maintenant que Dieu ne plaisante pas.
   e. Jésus déclare que les impénitents iront au feu éternel.
5. Vrai ou faux
   a. Le salut est personnel. __ V __ F
   b. Le châtiment est personnel. __ V __ F
   c. Dieu est miséricordieux __ V __ F
   d. Dieu est un juste juge __ V __ F
   e. Jésus notre avocat ici-bas, sera le juge dans l'au-delà __V__ F

Leçon 12 Les rachetés, vrais témoins de Jésus-Christ

Versets pour la préparation : Mt.7 :15 ; Mc.4 : 22 ; Jn.3 : 16, 36 ; 16 :13 ; 4 :24 ; 11 : 25 ; Ac. 2 : 32 ; 4 :10-20 ; 20 :29 ; Ro.8 :35-39 ; Ep.5 :23 ; Tit.3 :9-11 ; 1Jn.1 :1-2 ; 5 :20 ; 2Jn.9

Versets à lire en classe : 1Jn .1 :1-4

Verset à mémoriser : Ce que nous avons vu et entendu, nous vous l'annonçons à vous aussi, afin que vous aussi vous soyez en communion avec nous. 1Jn.1 :3a

But : Fortifier notre conviction chrétienne en la personne de Jésus-Christ notre Sauveur.

Introduction
Pour connaitre les vrais témoins de Jésus-Christ, il vous faudra interroger les apôtres et les chrétiens.
Et voici ce qu'ils vous diront :

I. **Nous sommes ses vrais témoins**
  1. *Pierre vous dira* : Nous sommes
     a. les témoins de sa résurrection. Ac.2 :32
     b. les témoins de son ascension. Ac.1 :11
     b. les témoins de l'effusion du Saint-Esprit sur les convertis. Ac.3 :32
     c. Nous avons la paix avec Dieu et du salut par la foi en Jésus-Christ. Ro5 :1
  2. *Jean vous dira* :
     a. Ce que nous avons vu de nos yeux et contemplé et que nos mains ont touché, ... nous vous l'annonçons. 1Jn.1 : 1-2

b. Et tous les apôtres sont allés jusqu'au martyr dans la route du calvaire avec Jésus-Christ. Cf. Torche Brûlante, Livre du Maitre #2

II. **Nous avons un credo basé sur la bible.**
  1. Nous croyons :
    a. à la mort de Christ pour nos péchés et en sa résurrection pour notre justification. Ro.5 :1
    b. au salut par grâce par le moyen de la foi. Ep.2 :8
    c. à la Sainte Trinité. Mt.28 :19-20
    d. au retour glorieux du Seigneur. Jn.14 :3
    e. à la vie éternelle et au jugement des pecheurs par Christ. Jn.3 :36; 2Co.5 :10
    f. dans l'Eglise comme membres du corps de Christ et non dans La Salle du royaume. Ep.5 : 23
    g. à l'enlèvement de l'Eglise et à son mariage avec Jésus, le Divin Epoux. 1Th.4 :15-17
  2. Nous pouvons témoigner du changement qu'il a opéré dans notre vie. Ga.2 :20
  3. Et nous pouvons dire : Rien ne pourra nous séparer de Jésus-Christ?. Ro. 8 : 35-39

III. **Ils observent certaines disciplines**
1. Ils se méfieront des loups ravisseurs habillés en vêtement de brebis. Mt. 7 :15 ; Ac.20 :29
  2. Ils se garderont des sociétés secrètes comme la franc-maçonnerie et des sectes comme les Témoins de Jéhovah. Mc.4 :22
  3. Ils repousseront les discussions folles et oiseuses sur les généalogies et repousseront ceux qui les tiennent. Ti. 3 :9-11

4. Si quelqu'un veut les forcer à aller au-delà de la doctrine de Christ, ils ne l'écouteront pas car une telle personne est pervertie et n'a pas Dieu avec lui et en lui. 2Jn .9

Conclusion
Témoins de Jésus-Christ, c'est la dernière heure. Gardez la foi jusqu'au retour de l'Epoux.

Questions
1. Comment identifier les témoins de Jésus-Christ ?
   a. Par leur témoignage et leur conviction chrétienne
   b. Par la communication du message sur la mort et la résurrection de Jésus-Christ
   c. Par leur dévouement poussé jusqu'au martyr pour la cause de Jésus-Christ.
2. Quel était le témoignage de Pierre sur Jésus ?
   Il est mort, il est ressuscité. Nous en sommes témoins
3. Quel était le témoignage de Jean ? Ce que nous avons vu et entendu, ce que nos mains ont touché, nous vous l'annonçons.
4. Quels genres de discipline vont observer les témoins de Jésus-Christ ?
   a. Ils éviteront les discussions sur les généalogies.
   b. Ils se garderont des sociétés secrètes et des sectes.
   c. Ils garderont et propageront la sainte doctrine.

Récapitulation des versets

1. Avant que les montagnes fussent nées et que tu eusses créé la terre et le monde, d'éternité en éternité tu es Dieu. Ps.90 :2

2. Allez, faites de toutes les nations des disciples, les baptisant au nom du Père, du fils et du Saint Esprit. Mt.28 :19

3. Que l'Eternel te bénisse et qu'il te garde ! Que l'Eternel fasse luire sa face sur toi et qu'il t'accorde sa grâce ! Que l'Eternel tourne sa face vers toi et qu'il te donne la paix ! No.6 :24-26

4. Jésus, s'étant approché, leur parla ainsi : Tout pouvoir m'a été donné dans le ciel et sur la terre. Mt. 28 : 18

5. Quand le consolateur sera venu, l'Esprit de vérité, il vous conduira dans toute la vérité. Jn.16 : 13a

6. Le lendemain, il vit Jésus venant à lui, et il dit : voici l'agneau de Dieu qui ôte le péché du monde. Jn.1 :29

7. Après cela, je regardai, et voici, il y avait une grande foule, que personne ne pouvait compter, de toute nation, de tout peuple et de toute langue. Ap.7 :9a

9. Nous savons que le Fils de Dieu est venu et qu'il nous a donné l'intelligence pour connaitre le Véritable ; et nous sommes dans le Véritable, en son fils Jésus-Christ. C'est lui qui est le Dieu véritable et la vie éternelle. 1Jn.5 :20

10. C'est pourquoi, celui qui s'oppose à l'autorité, résiste à l'ordre que Dieu a établi, et ceux qui résistent attireront une condamnation sur eux-mêmes. Ro.13 :2

11. Car quiconque invoquera le nom du Seigneur sera sauvé. Ro.10 :13

12. Maintenant a lieu le jugement de ce monde ; maintenant le prince de ce monde sera jeté dehors. Jn.12 :31

13. Ce que nous avons vu et entendu, nous vous l'annonçons à vous aussi, afin que vous aussi vous soyez en communion avec nous. 1Jn.1 :3a

Série 4

La vallée d'ossements

Avant-propos

Ezéchiel était un sacrificateur exilé à Babylone entre la première et la deuxième déportation, c'est-à-dire entre les années 597 à 586 AC. (2R.24 :11-16). C'est dans la diaspora babylonienne que Dieu a mis la main sur lui pour en faire son prophète. Sa tâche était d'annoncer le rétablissement des douze tribus d'Israël dans leur territoire. Quel grand miracle sera-ce ? Un peuple méprisé, humilié, un peuple dispersé parmi les nations puissantes, on dirait des ossements jetés pêle-mêle dans une vallée, un peuple exposé à toutes les intempéries!... Ca fait plus de deux-mille ans ! Est-ce possible qu'il soit restauré ?...
A la mort du roi Salomon, dans l'année 931 AC, les tribus d'Israël étaient divisées en deux royaumes, le royaume de Juda et le royaume d'Israël. Et depuis, c'est pour la première fois que Dieu va réunifier Israël et Juda qu'Ezéchiel appellera « La maison d'Israël ». Le Dieu de l'impossible entre déjà en scène et est en train de dire à son peuple : « On ne te nommera plus délaissé, on ne nommera plus ta terre désolation ; mais on t'appellera « mon plaisir en elle », et l'on appellera ta terre épouse ; car l'Eternel met son plaisir en toi et ta terre aura un époux. Es.62 :4
C'est une manière de vous dire que Dieu s'adresse aussi à vous. Pour les cas considérés perdus, il va vous sortir de votre vallée d'ossements et vous redonner la vie. Espérez en l'Eternel, l'heure de la délivrance pour les captifs a sonné !

Révérend Pasteur Renaut Pierre-Louis

Leçon 1 L'hypothèse d'une armée décimée[27]

Versets pour la préparation : 2R.17 : 16-23 ; 24 :2-4 ; 25 : 13-16 ; 2Ch.36 : 18-19 ; Ez.37 : 1-11 ; Da.3 : 15b ; Hé.4 :11
Versets à lire en classe : Ez.37 :1-6
Verset à mémoriser : La main de l'Eternel fut sur moi, et l'Eternel me transporta par son Esprit, et me déposa dans le milieu d'une vallée remplie d'ossements. **Ez.37 :1**
Méthodes : discours, comparaisons, questions
But : Présenter Israël et Juda dans leur mauvaise condition de captivité.

Introduction
La condition lamentable dans laquelle végète Israël, sollicite l'attention et la miséricorde de Dieu. Et pourquoi pas ? C'est son peuple! Quelle était en réalité sa situation ?

I. Situation politique de la maison d'Israël.
1. Une nation dispersée, sans identité, sans avenir. Ez.37 : 11
2. Une nation vaincue. Dieu a livré le royaume d'Israël à l'Assyrie, l'actuel Iran, dans l'année 722 AC (avant Jésus-Christ) et le royaume de Juda, à Babylone l'actuel Iraq, dans l'année 586 AC (avant Jésus-Christ). Les deux ont connu maintes défaites devant l'ennemi parce que Dieu a voulu punir l'idolâtrie et d'autres crimes de Juda et d'Israël. 2R.17:16-23; 24 :2-4

---

[27] Décimer v.t. Ruiner, anéantir, abolir

II. **Situation économique de la maison d'Israël**
  1. Elle connut la perte de beaucoup de vies et de biens.
  2. Par-dessus tout, Dieu l'abandonne.
  3. L'ennemi emporta tous les ustensiles de la maison de Dieu 2R.25 :13-16
  4. Il brûla le splendide temple de Salomon. 2Ch.36 :18-19

III. **Déception apparente du Dieu d'Israël.**
Les vainqueurs s'estiment heureux et fiers de l'avoir emporté sur le Dieu d'Israël, un Dieu invisible, que l'on croyait redoutable. Nebucadnetsar l'a cru ainsi. «Et quel **dieu** dit-il, pourra vous délivrer de **ma** main ?»
Da. 3 :15b

Conclusion
La désobéissance d'Israël et de Juda affecte le prestige de l'Eternel devant les païens. A notre tour, évitons de donner le même exemple de désobéissance. Ce sera pour notre bien et pour la gloire de notre Dieu. Hé.4 :11

Questions

1. Où et quand Israël a-t-il été amené en captivité ?
   En Assyrie dans l'année 722 AC.
2. Où et quand Juda a-t-il été amené en captivité ?
   A Babylone dans l'année 586 AC.
3. Que veut dire AC après les nombres ici indiqués ?
   Une abréviation qui signifie *Avant Jésus-Christ*.
4. Quelle était la condition de vie d'Israël à ce moment-là ?
   a. Dieu l'abandonne.
   b. Il perdit des vies et des biens.
   c. Son beau temple fut brûlé.
5. Comment le roi Nebucadnetsar considère-t-il notre Dieu?
   Comme un dieu insignifiant.

Leçon 2 Conditions des ossements dans une vallée

Versets pour la préparation : 2R.17 :24 -41; Jn.4 :9
Versets à lire en classe : 2R.17 :24-33
Verset à mémoriser : Ces nations craignaient l'Eternel et servaient leurs images ; et leurs enfants et les enfants de leurs enfants font jusqu'à ce jour ce que leurs pères ont fait. 2R.17 :41
Méthodes : discours, comparaisons, questions.
But : Montrer comment le péché d'Israël occasionne la perte de son identité et de sa liberté spirituelle.

Introduction
Quand l'homme est réduit à sa plus simple expression, tout le monde s'en éloigne sauf Dieu car même notre mauvaise odeur ne le fait pas peur. A quoi compare-t-il Israël dans sa captivité? Considérons-le dans ses différentes phases.

I. Première phase
1. Israël est considéré comme un cadavre à la chair morte, un corps putréfié, rongé par les vers.
2. Les parties périssables telles que la chair, les nerfs, les veines, les artères, la cervelle et la moelle des os ne sont plus. Des yeux, il ne reste que l'orbite. En gros, vous êtes en face d'un squelette.
3. Israël appartient au cimetière. Il est compté parmi les morts.
4. Il n'est plus un peuple. Il est esclave et ne peut avoir de réaction. Il doit tout accepter de son nouveau maitre. 2R.17 : 24-25

II. **Deuxième phase** :
1. Israël impuissant et déporté loin de son pays, est exposé à toutes les humiliations des sauvages colons comme de la chair morte entre les dents des hyènes[28]. Ils imposent leurs dieux à Israël. 2R.17 :29-32
2. Les assyriens ont même envoyé des colons en Israël ou royaume du Nord, pour asservir les gens qui restent. C'est du métissage de ces colons avec les restes d'Israël que sont nés les samaritains. 2R.17 :24
3. Pour avoir accepté cette fusion de races, les juifs de Juda ou Royaume du Sud, rompirent toute relation avec les samaritains. Jn.4 :9

III. **Troisième phase** :
1. Les corps sont exposés à toutes les intempéries. Les alluvions et les vents charrient les différentes parties du corps et les entremêlent. Une tête, un bras, peuvent rouler pêle-mêle jusqu'à un autre corps.
2. Cette description met en lumière la condition humiliante d'Israël. Il perd son identité et tout son prestige. Ils adoptent les dieux de leurs conquérants. 2R.17 :41

Conclusion
Voyez les conséquences de la désobéissance d'un peuple ! Allez-vous l'imiter?

---

[28] Hyène n.f.

Questions

1. A quoi Israël ressemblait-il dans son état de servitude ?
   a. A un cadavre
   b. A de la chair pourrie
2. Pourquoi disons-nous qu'il perd son identité ?
   A cause du métissage avec les colons assyriens.
3. Quel nom prend-il dans ce métissage ? Samaritain.
4. Quels dieux servait-il alors en Samarie ?
   Les dieux des assyriens
5. Vrai ou faux :
   a. Israël devrait adorer les dieux qu'on lui offrit
      _ V _ F
   b. Il est bon d'avoir des dieux de rechange.
      _ V _ F
   c. Sans Dieu dans sa vie on ressemble à un cadavre _ V _ F
   d. Sans Dieu dans sa vie, on est esclave
      _ V _ F

Leçon 3 Ezéchiel étudiant dans une classe de physiologie animale

Verset pour la préparation : Ez. 37 :1-6 ; Jer. 25 : 11 ; 29 :10, Ro. 8 :1
Verset à lire en classe : Ez. 37 :1-4
Verset à mémoriser : Il me dit : Fils de l'homme, ces os pourront-ils revivre ? Je répondis : Seigneur Eternel, tu le sais. Ez. 37 :3
Méthodes : discours, comparaisons, questions
But : Montrer que, pour Dieu, l'impossible n'existe pas.

Introduction
Ezéchiel ne peut plus jouer son rôle de sacrificateur puisque « la maison d'Israël » est en captivité. Dieu lui donne un autre portefeuille[29]. Il en fait son prophète. Mais pour le moment, il va suivre une classe dans un hôpital, un hôpital pas comme les autres. Accompagnons-le.

I. Dans la salle de dissection
1. Dieu mit la main sur lui, le transporta et le déposa dans une vallée d'ossements. Un voyage hasardeux.
    a. Qu'est-ce qu'il constate ? : Des squelettes, des corps dénudés[30], détériorés ; aucun cerveau, aucun système de commande.
    b. Ossements desséchés, dernière phase de la physiologie animale. Réparation et restauration impossible! Ez.37 :1-4

---

[29] Portefeuille n.m. Titre, fonction de ministre
[30] Dénudé adj. Dépouillé, dévêtu,

II. **Dans la phase de considération**
 1. Aucune déformation d'un cadavre ne doit intimider l'étudiant.
 2. Dieu, le doyen de l'Université, le met en face d'une impossibilité pour lui révéler la puissance de sa divinité.
 3. Ezéchiel va apprendre du point A au point Z ce que Dieu veut lui révéler, ce qui est caché aux yeux des chefs de Babylone et d'Assyrie. Ez.37 :5-6
 4. Ezéchiel va apprendre qu'il n'y a pas de cas perdu pour l'auteur de la vie. Ez.37 :6b

III. **Dans la phase démoralisante d'Israël**
 1. Les royaumes de Juda et d'Israël purgeront une sanction de soixante-dix ans de captivité. Rien ne sera changé dans leur punition. 2Ch.36 : 21 ; Jer.25 :11 ; 29 :10
 2. Ce qui est drôle, c'est que Juda retournera en Palestine avec Esdras après ces soixante-dix ans. Quant à Israël, il reste dispersé jusqu'à maintenant à travers tous les pays du monde.

Conclusion
Il n'y a pas de situation désespérée pour ceux qui sont en Jésus-Christ. Livrez-vous au Dieu de l'impossible et regardez le miracle de changement qu'il va accomplir pour vous! Ro.8 :1

Questions

1. Pourquoi Ezéchiel ne jouait-il plus son rôle de sacrificateur dans la diaspora ?

Parce qu'il ne pouvait officier comme tel dans la condition de captivité.
2. Quel est son nouvel emploi ? Prophète de l'Eternel.
3. Quelle était son expérience marquante? Dieu l'amena dans une vallée d'ossements.
4. Etait-ce dans la réalité ? Non. Dans une vision.
5. Pourquoi Dieu lui montra-t-il ces ossements ? Pour lui montrer l'impuissance de l'homme devant la puissance de la divinité.
6. Combien de temps Israël et Juda vont-ils passer en captivité ? Soixante-dix ans.
7. Qu'arrivera-t-il dans la suite des temps ? Juda reviendra de la captivité babylonienne tandis que Israël restera dispersé jusqu'au jour du grand rassemblement.

Leçon 4 Projet de rétablissement d'Israël

Versets pour la préparation : Ge. 12 :3 ; 2S. 7 : 16 ; Es.9 :6 ; Ez. 34 : 22-24 ; 36 :24-27 ; 37 : 21-25 ; Jer.31 :33 ; Lu.1 :32 ; 22 :20 ; Jn.1 :29 ; 3 :16 ; 15 :3 ; Ga. 3 :28-29
Versets à lire en classe : Ez.37 :1-7
Verset à mémoriser: Ainsi parle le Seigneur, l'Eternel à ces os : Voici, je vais faire entrer en vous un esprit, et vous vivrez. **Ez.37 :5**
Méthodes : discours, comparaisons, questions
But : Emphase sur le projet de la réunification d'Israël et de Juda

Introduction
Ezéchiel est détenteur d'une révélation extraordinaire: Juda et Israël étaient divisés depuis l'année 931 AC, à l'avènement de Roboam, le premier héritier de la couronne du roi Salomon. Dieu va réunifier les douze tribus. Dorénavant, elles seront reconnues sous l'appellation « La Maison d'Israël.» En voici le processus :

I. **Phase de restauration d'Israël. Ez.37 :21**
1. Par l'accomplissement de l'alliance abrahamique: Dieu va bénir non seulement Israël, mais toutes les nations à partir d'Abraham, le premier païen converti.
Ge.12:3 ; Ga.3:28-29
2. Par l'accomplissement de l'alliance davidique : Le règne de David sera pour toujours assuré. Jésus est le descendant de David dont le trône sera affermi pour toujours. 2S.7 :16; Es.9 :6 ; Lu.1 :32
3. Israël sera rétabli dans son territoire. Ez.36 : 24

4. Par l'accomplissement de la Nouvelle Alliance ou Nouveau Testament : Dieu mettra sa loi, non pas sur les tables de pierre, mais dans les cœurs. Je.31 :33
5. Jésus dira : « Cette coupe est la nouvelle alliance ou Nouveau Testament en mon sang ». Ce sang est celui de l'agneau versé pour le péché du monde entier. Jn. 1 :29 ; Lu.22 :20
6. Ainsi, cette phase de restauration regarde le plan global de rédemption non seulement d'Israël mais du monde entier. Jn.3 :16

II. Phase d'unification v. 22

1. Il ne sera plus question de Juda ou royaume du Sud et d'Israël ou royaume du Nord. Dieu fera d'eux une seule nation. Ez.37:22
2. Ils auront un seul roi. Ce sera Jésus, le Fils de David, Le Messie, le roi berger souvent promis durant la dynastie[31] davidique. Les deux morceaux de bois de cette prophétie, donnent l'image du Calvaire où le Christ crucifié unit les frères séparés depuis longtemps. Ez. 34 :22-24 ; 37 : 19, 22, 24-25

---

[31] Dynastie n.f. Suite de souverains issus d'une même lignée

III. **Phase de purification. V. 23**
1. Dieu les purifiera. Ez.37 :23. Ce sera possible grâce aux ressources de la nouvelle alliance. Il suffit, dit Jésus, de mettre en pratique la parole que je vous ai annoncée, pour être pur. Ez.36 : 26-27 ; 37 :14 ; Jn.15 :3
2. Dieu changera leur cœur. Ez.36 :26-27
3. Il fera avec eux une alliance de paix, une alliance éternelle. Ez.37 :26

Conclusion
Israël a fait échec avec la Loi. Acclamons aujourd'hui Jésus-Christ qui nous sauve par grâce et nous donne accès à tous auprès du Père dans un même Esprit.

Questions
1. Comment Dieu entend- t-il la restauration de la maison d'Israël?
   a. Par l'accomplissement de l'alliance avec Abraham: salut offert à toutes les nations
   b. Par l'accomplissement de l'alliance avec David : son trône sera affermi pour toujours
   c. Par l'accomplissement de la Nouvelle Alliance :Jésus remplace Moise
2. Comment va-t-il unir les douze tribus d'Israël ?
   Jésus sera leur roi pour toujours
3. Comment Dieu va-t-il purifier les cœurs ?
   Grace aux provisions de la nouvelle alliance dans le sang de Christ.

Leçon 5 Projet de rétablissement d'Israël (suite)

Versets pour la préparation : Ez.37 :1-10 ; Mt.24 :32
Verset à lire en classe : Ez.37 :9-10
Verset à mémoriser : Ainsi parle le Seigneur, l'Eternel : Esprit, viens des quatre vents, souffle sur ces morts et qu'ils revivent ! **Ez.37 : 9b**
Méthodes : discours, comparaisons, questions
But : Énoncer le rétablissement d'Israël comme nation

Introduction
Le prophète Ezéchiel va atteindre l'apogée[32] de sa carrière prophétique grâce à sa sagesse et son obéissance. Comment Dieu va-t-il l'utiliser?

I. Première phase :
1. Il faut de sa part, une prise de conscience face à une réalité évidente. Il faut aussi qu'il soit animé d'un sentiment patriotique pour consentir à tout pour sauver sa nation. Ez.37 :4, 7
2. Il faut une intervention divine. Ez.37 : 5-8
3. Dieu va le mettre en face de l'impossible pour consacrer sa limite devant un Dieu sans limite.

II. Deuxième phase :
1. Cependant, il faut la participation active d'un homme de Dieu et l'intervention de Dieu pour que le miracle soit possible. Ez.37 :9-10
2. L'esprit entra dans ces corps rassemblés. Ils reprirent vie. Ils se tinrent sur leurs pieds. Ez. 37 :10

---

[32] Apogée n.f. Le plus haut degré

3. C'est à ce moment qu'Ezéchiel découvrit qu'il avait contribué au rassemblement d'une armée nombreuse. Ez.37 :10

III. **Explication de la vision.** Ez.37 :.11-14
Israël est enterré en Russie, en Allemagne, aux Etats-Unis, en Angleterre, en France. Il faut qu'un vent souffle dans les 4 directions pour déterrer Israël de ces sépulcres. Ez.37 : 12.
1. Premier vent: la chute de l'Union soviétique le 25 Décembre 1989. Ez. 38 :22
2. Deuxième vent : La démolition des murs de Berlin en Allemagne le 3 octobre 1990. Ez.38 :22-23
3. Troisième vent : Israël est devenu une nation en un jour. Es.66 : 6-8
En effet, le 14 Mai 1948, *au terme du mandat de l'empire britannique*, le premier ministre Israélien, David Ben Gourion, prononça à Tel-Aviv, l'acte de l'Indépendance d'Israël Indépendance d'Israël.
Le mandat britannique consiste pour l'Angleterre de placer Israël sur le territoire de la Palestine dans une parfaite indépendance politique et économique, de favoriser l'immigration paisible des juifs sur le territoire de la Palestine.
4. Quatrième vent : Les Etats-Unis supportent Israël à cent pour cent par la protection du mouvement sioniste, c'est-à-dire la reconnaissance d'Israël comme nation ayant droit d'occuper intégralement son territoire. Et depuis, les juifs rentrent chez eux par des

milliers. Le figuier dont parlait Jésus bourgeonne! Mt. 24 : 32

Conclusion

Israël n'est pas sans espérance ! Il y a un jour pour l'Eternel des armées. Votre jour arrive aussi ! Attendez-le.

Questions

1. Que faut-il pour le rétablissement d'Israël ?
   a. Une prise de conscience
   b. Une intervention divine.
2. Qu'arriva-t-il à la prophétie d'Ezéchiel ?
   Les ossements desséchés commencent à se rassembler.
3. Que représentent les quatre vents sur lesquels l'Esprit souffle?
   a. Des pays et des évènements ont contribué à la restauration d'Israël comme nation.
   b. Les pays où Israël était comme enterré.
4. Comment définir le mandat britannique?
   C'est le rôle de l'Angleterre de placer Israël sur le territoire de la Palestine dans une parfaite indépendance politique et économique.
5. Quel est le pays qui actuellement supporte Israël à cent pour cent ? Les Etats-Unis

Leçon 6   L'Eglise d'aujourd'hui, une vallée d'ossements

Versets pour la préparation : Jer.2 :13 ; 23 : 25-36 ; Ez.34 : 21 ; Ose.4 :6 ; Amos 5 : 4 ; 21-24 ; Jon.1 :10,12 ; Mt.23 :27-28 ; 2Ti.4 :3 ; Ap. 2 :5 ; 7 :15
Verset à lire en classe : Amos. 5 : 21-24
Verset à mémoriser : Eloigne de moi le bruit de tes cantiques ; je n'écoute pas le son de tes luths. **Amo.5 :23**
Méthodes: Discours, comparaisons, questions

Introduction

Il n'est pas étrange aujourd'hui de voir n'importe qui s'improviser évêque, pasteur, prédicateur, prophète, diacre ou membre de l'Eglise. Le Saint-Esprit se retire par la première porte. Les conséquences sont graves car, ces dilapidateurs[33] de conscience ne tarderont pas à convertir l'Eglise en une véritable vallée d'ossements. Comment:

I. **Par les fausses adorations et louange.**
   1. L'humilité, la simplicité et la repentance disparaissent. Certains cherchent à être populaires par l'excitation dans les chants, les groupes musicaux et même dans des services de jeûnes. En un rien de temps, Satan les influence et divise l'Eglise. Amos. 5 : 4
   2. Les groupes entrent en compétition non pas pour l'évangélisation mais pour se faire remarquer. Entre temps, l'Eglise se détériore. Les services d'Etudes bibliques ne sont plus

---

[33] Dilapidateur n.m. Gaspilleur, dissipateur

fréquentés, les services de prières sont fades et stériles. Ose.4 :6

II. Les fausses consécrations
1. Les péchés sont tolérés des gens qui contribuent bien ou qui sont influents dans l'Eglise. L'Eglise tombe en pourriture, en putréfaction spirituelle avec les faux bergers et les brebis à cornes. Ainsi elle ne tardera pas à devenir des ossements desséchés. Ez. 34 :21 ; Mt. 23 : 27-28
2. Les messages sur la foi, le péché et sur le jugement ne sont pas tolérés. On a la démangeaison d'entendre des paroles flatteuses des faux docteurs et des beaux diserts. L'Eglise est alors détériorée. 2Ti.4 :3.

III. Les chrétiens sans conviction
1. L'Eglise devient un corps sans âme. La médisance, les luttes d'influence prédominent. Elles rongent ses membres et les défigurent. On ne sent plus la présence du Saint Esprit dans les services. Le chandelier du St Esprit est ôté. Ap.2 :5
2. Quand on veut chercher le monde, on le trouve dans l'Eglise. La superstition y est pratiquée comme au temps du roi Manassé. Le chandelier est enlevé de sa place. L'Eglise est désossée et exposée à la ruine.
3. Etant sauvés depuis trop longtemps les chrétiens sont satisfaits de leur salut et n'ont aucune envie de partager Christ avec les inconvertis. Ils ont sans doute un lien de parenté avec Jonas. Jon.1 :10,12

4. Ils oublient que l'Eglise sur la terre doit se préparer pour une vie de service jour et nuit auprès de Dieu dans le ciel. Ap.7 :15
5. Les chrétiens deviennent des citernes crevassées qui ne retiennent pas l'eau de la parole. Jer. 2 :13
6. Ils sont plus attentifs aux visions qu'au message du prophète. Jer.23 :27

Conclusion

Qui n'avance pas recule. La bataille n'est pas contre les frères, mais contre Satan. La lutte à mener n'est pas dans notre passé glorieux mais dans un lendemain à conquérir. Veillez bien. Luttez bien. Luttez jusqu'au bout.

Questions

1. Quelle est l'une des causes de la chute de l'Eglise ?
   a. La prolifération[34] de faux bergers
   b. La fausseté dans l'adoration et la louange
   c. Les gens non consacrés qui dirigent
   d. La négligence de l'évangélisation
   e. La tolérance des vies de péché.
   f. L'abandon des services d'étude biblique et de prière
   g. Les chrétiens sans conviction chrétienne qui remplissent nos temples.
2. Qu'est-ce qui est à la mode dans nos Eglises aujourd'hui ?

---

[34] Prolifération n.f. Multiplication rapide

a. La compétition des groupes pour les chants et les offrandes
   b. Les mouvements de réveils avec des beaux diserts sans l'onction
3. Qu'entend t-on par chrétiens sans conviction ?
   a. Des chrétiens sauvés depuis longtemps mais qui ne peuvent exprimer un témoignage de leur vie pour Dieu.
   b. Les gens pieux sans décision de se consacrer à l'œuvre du Seigneur.
4. Qu'engendrent-ils au contraire ?
Des luttes entre frères pour diviser et détruire.

Leçon 7 Les mariages dans la vallée d'ossements

Versets pour la préparation : Ge.1 :26-27 ; 2 :18 ; Lam.3 :22-23 ; Mt.4 :4 ; Ep.5 :22-33
Verset à lire en classe : Ep.5 : 22-33
Verset à mémoriser : Du reste, que chacun aime sa femme et que la femme respecte son mari. **Ep.5 :33**
Méthodes : Discours, comparaisons, questions
But : Essayer de récupérer des mariages que l'on croyait perdus.

Introduction

La première institution sociale notoirement connue, est le mariage. Dieu est son auteur. Il le bénit et le garantit. Comment expliquer que certains mariages se détériorent et soient tombés en pourriture? Descendons avec Ezéchiel dans la vallée d'ossements et constatons de nos yeux: Ge.1 :26-27

I. Dieu en est écarté.

1. Vous savez que le mariage est le concours de trois mystères : Dieu, l'homme et la femme. Il demeure seulement quand Dieu est au milieu ; mais quand il est mis de côté, les bénédictions du mariage sont aussi mises de côté. Comment ?
   a. Les vœux formulés devant Dieu ne sont plus renouvelés chaque matin alors qu'on attend que Dieu renouvelle ses bontés chaque matin. Lam.3 :22-23
   b. On se crée un enfer l'un pour l'autre en voyant le partenaire à travers ses défauts qu'on veut toujours critiquer et corriger. Mt.7 :3-5

2. Le mariage est alors détérioré, ruiné et précipité de la montagne du succès jusqu'à la vallée des ossements.

II. Le but du mariage est écarté
1. Le premier but, c'est de créer la famille à partir des partenaires de sexes différents. Ge.1 :27
2. Le deuxième c'est de fuir la solitude. Vous avez besoin de votre partenaire pour partager les joies et les peines de l'existence pour découvrir la beauté de la nature et ses secrets, en vue de glorifier Dieu. Ge.2 :18
3. Le troisième c'est de trouver la sollicitude. Dans le mariage on a besoin d'attention, et d'appréciation mutuelle mais pas d'un boss. Autrement, les relations se dessèchent et le mariage roule déjà vers la vallée d'ossements. Mt.4 :4

III. Les partenaires se trompent et sont trompés.
1. Certains entrent dans le mariage avec des intentions cachées. En voulant tromper l'autre, ils se trompent eux-mêmes.
2. L'anneau du mariage, l'argent et les enfants ne suffisent pas pour garantir le bonheur du foyer. Il faut les valeurs morales et spirituelles qui ne sont pas à vendre. Sinon, le mariage n'existe pas, il est déjà dans la vallée d'ossements.

3. Satan donne le coup de grâce[35] au mariage avec le dépit, la violence, le meurtre ou le divorce.

V. Possibilité de restauration

Accompagnons Dieu et Ezéchiel dans la vallée et écoutons cette parole : Ces os peuvent-ils revivre ? Seigneur, tu le sais.

Conclusion
Faites appel au Dieu de l'impossible et attendez que souffle pour vous le vent de l'Esprit pour ranimer les parties mortes de votre mariage.

Questions

1. Quelle était la première institution divine entre l'homme et la femme ? Le mariage
2. Comment rendre le mariage permanent ?
   En renouvelant les vœux conjugaux au moins chaque matin
3. Que faut-il rechercher dans les relations avec son conjoint ?
   a. De mettre l'accent sur ses qualités et de fermer les yeux sur ses défauts.
   b. Eviter de divulguer ses faiblesses devant les autres.
   c. Prier pour une amélioration dans les relations
4. Au fait, quel est le but du mariage ?
   La procréation, la sollicitude, la fuite de la solitude
5. Pourquoi disons-nous que des partenaires se trompent et sont trompés?

---

[35] **Coup de grace. Expr. Qui donne la mort, qui achève**

    a. Quand on veut cacher au conjoint des choses importantes qui devraient être avouées avant le mariage.
    b. Quand on veut manipuler l'autre pour aboutir à ses fins.
6. Comment sauver un tel mariage ? Il faut aller à Dieu

Leçon 8   La jeunesse dans la vallée d'ossements

Versets pour la préparation : De.6 : 6-8 ;Ps. 11 : 1-7 ; Pr. 22 :6 ; Es.29 :9 ; He.12 :6
Verset à lire en classe : Ps.11 :1-7
Verset à mémoriser : Quand les fondements sont renversés, le juste que fera-t-il ? **Ps.11 :3**
Méthode : Discours, comparaisons, questions

Introduction
Depuis quelque temps, nous assistons au renversement de notre société et partant, des familles et des nations. Et où va-t-on retrouver la jeunesse dans cette situation? Nous faudra-t-il pratiquer des fouilles dans la vallée d'ossements ? Vous qui descendez la pente, que voyez-vous?

I. **Une jeunesse dévoyée**.
   1. La jeunesse est incomprise, négligée, insatisfaite. Pr.22 :6
   2. Elle est victime de la drogue, de la prostitution, des night-clubs, de la mode indécente, de la musique porno qui tous conspirent contre ses valeurs morales pour la culbuter dans la vallée du désespoir. D'où vient-elle, cette jeunesse ?

II. **Des familles sans gouvernail**
   1. Nos jeunes délinquants viennent en majorité des foyers brisés où la violence domestique, le divorce ou le crime sont les scènes quotidiennes de son entourage. La bible est ignorée. De. 6 : 6-8
   2. Ils sont les victimes innocentes d'une société avide de gain, une société esclave de la technologie, des medias, de la musique

bruyante sans inspiration divine et qui fait fuir le Saint-Esprit par la première porte.
3. Les enfants sont laissés à la maison avec la télévision comme professeur, le ipad ou le iphone comme grand frère. Hé.12 :6
4. Les parents sont déjà dans le métro pour faire la navette d'un job à l'autre. On en revient fatigué, les nerfs à fleur de peau, prêt à éclater pour un cric ou pour un crac. Le père entre par une porte, la mère sort par une autre et les enfants sautent par la fenêtre pour passer la nuit avec n'importe qui et plus tard, ils iront en prison pour n'importe quoi.
5. La maison devient un endroit pour manger et dormir.
6. A l'école, ils s'inspirent des professeurs sans éthique, et partant sans intérêt pour la formation des gens moraux.

Ces jeunes d'hier sont nos leaders d'aujourd'hui. Quoi espérer de demain ?

III. **Des nations sans autorité morale**
1. Les fondements sont renversés. Ps.11 :3
   a. L'instruction remplace l'éducation. Des gens instruits sont bien mal élevés.
   b. La religion est mise à la place de Dieu. On va à l'Eglise ; on en retourne avec le cœur vide.
   c. Des gens sans Dieu gouvernent les nations.
2. Puisque les principes moraux, gardiens de la famille et de la nation ne sont plus respectés, la jeunesse n'a aucun frein :

a. Elle est précipitée dans la vallée de la corruption jusqu'à devenir des ossements desséchés.
b. De là, on assiste au fléchissement de la justice et au renversement des principes en faveur des puissants.
c. On assiste à la corruption dans tous les domaines et notre jeunesse tout comme notre société est moralement détruite.

Conclusion

Qui va s'en occuper ? Demandez-le à Ezéchiel. Que Dieu vous prenne de là où vous êtes pour vous amener là où il le veut pour sortir notre jeunesse de cette vallée de corruption et d'abandon.

Questions

1. Pourquoi disons-nous que la jeunesse est dévoyée?
   a. Elle est négligée
   b. Elle est la proie de toutes les pressions
   c. Elle est laissée à elle-même.
2. Pourquoi disons-nous que les familles sont sans gouvernail ?
   a. En majorité, les foyers sont brisés.
   b. Les enfants sont victimes de la technologie
   c. Ils sont étourdis par des musiques dénuées d'inspiration divine
   d. Leur éducation dépend en grande partie des medias.
   e. Les parents travaillent pour de l'argent et non pour maintenir un foyer
   f. Beaucoup de professeurs de nos enfants sont immoraux
3. Qu'entendons-nous par fondements renversés ?

a. L'instruction exclut l'éducation.
   b. La religion prend la place de Dieu.
   c. Des gens sans Dieu dirigent les nations.
4. Comment remédier à une pareille situation ? Un Ezéchiel dans la compagnie de Dieu.

Leçon 9 La Réformation

Versets pour la préparation : Jer. 6 :16 ; 18 : 15 ; Amo.5 :24 ; Ac. 2 : 2-4, 45 ; 8 : 1,4 ; 16 : 13 ; 20 :24 ; Ro.1 :16 ; 2 : 24 ; 13 :10-14 ; 2Th.2 :4 ; 1Ti.6 :6-10 ; He.11 :35-40
Verset à lire en classe : Ro.13 : 10-14
Verset à mémoriser : Mais revêtez-vous du Seigneur Jésus-Christ, et n'ayez pas soin de la chair pour en satisfaire les convoitises. **Ro.13 :14**
Méthodes : Discours, comparaisons, questions
But : Réveiller nos Eglises sur la nécessité d'un redressement moral et spirituel.

Introduction
Une idée de feu a bouleversé le Christianisme à un moment de son histoire : La Réformation. Martin Luther, un moine de l'ordre des Augustins, ouvrit la voie aux Eglises réformées. Et comment va l'Eglise depuis ce temps-là ?

I. **Eglises Réformées. Quand et comment ?**
   1. Quand les chrétiens vivaient par la foi. Ro.1 :16
   2. Quand ils acceptaient le martyr plutôt que de trahir Christ. Ac.20 :24 ; He.11 :36-40
   3. Quand ils se montraient très austères pour rejeter la superstition et les traditions au prix de leur vie, pour servir Christ. He.11 :35

II. **Eglises Déformées. Quand et comment ?**
   1. Quand l'Eglise cesse d'évangéliser le monde et que le monde à son tour entre de force dans l'Eglise. Ro.2 : 24

2. Quand la religion prend la place du Christianisme, quand c'est l'effort de l'homme qui compte. A ce moment, on verra des pasteurs et des diacres houngan, l'homme impie s'asseoir dans le temple de Dieu pour prendre des décisions. 2Th.2 : 4
3. La chair remplace l'esprit. On recherche l'excitation au lieu de la consécration. On voit « l' Eglisation »[36] au lieu de l'Evangélisation. Nous entendons par là :
   a. La satisfaction personnelle recherchée dans la formation de groupes tandis que les veuves sont négligées.
   b. Les efforts déployés pour diviser une Eglise et former une autre sans foi, sans vertu et sans repentance.
4. L'amour fraternel qui partage le pain avec les autres, n'existe presque plus. Ac.2 : 45
5. Le ministère devient une matière de profession et non de vocation. 1Ti.6 : 6-10
6. Les mariages sont de véritables orgies[37] où l'on vient en décolleté pour une partie de danse. Amos. 5 :23
7. Les musiques mondaines laissent le trottoir du carnaval pour envahir nos services de réveil. Le feu ne vient plus d'en haut mais de la baguette et de la guitare. Ac.2 : 2-4

---

[36] Eglisation neol. Effort pour développer les activités dans le temple au mépris de l'évangélisation

[37] Orgie n.f. Partie de débauche où l'on se livre à toutes sortes d'excès.

III. **Eglises Transformées. Quand et comment?**
1. A la vraie repentance. Jer.6 :16 ; 18 :15
2. Quand nous passerons le maillet au Saint Esprit pour nous guider dans toute la vérité. Ac.16 :13
3. Quand les chrétiens dépouillés diront sincèrement : « Mon seul appui, c'est l'ami céleste, Jésus seul, Jésus seul ». Ro.13 :12
4. Quand Dieu suscitera un nouveau Martin Luther pour nous réveiller avant le retour imminent de Jésus-Christ. Ac.8 :1,4

Conclusion
Et voilà! Le dé est joué. Prenez votre partie. Que le sort soit favorable pour une reformation dans les consciences et dans la foi.

Questions
1. Qui était Martin Luther ?
   a. Un moine de l'ordre des Augustin.
   b. Le leader de la Reformation
2. Quand et comment les Eglises étaient-elles réformées ?
   a. Quand les chrétiens vivaient de la Bible et vivaient par la foi
   b. Quand les chrétiens préféraient mourir au lieu de trahir Jésus-Christ.
   c. Quand ils rejetaient les traditions pour croire à la Bible comme seule autorité en matière de foi et de conduite.
3. Quand et comment les Eglises sont-elles déformées?
   a. Quand elles négligent l'Evangélisation

    b. Quand la religion prend la place du christianisme
    c. Quand les chrétiens sont satisfaits de leurs réalisations sans donner gloire à Dieu.
    d. Quand les faux-frères divisent l'Eglise
    e. Quand le ministère devient une matière de profession et non de vocation,
    f. Quand les cérémonies de l'Eglise sont devenues superficielles.
4. Quand les Eglises seront-elles transformées ?
    a. Quand Dieu les frappera à la repentance.
    b. Quand tout est remis sous la direction du Saint Esprit
c. Quand les chrétiens accepteront de dépendre du Saint-Esprit.

Leçon 10 Thanksgiving : La reconnaissance, un devoir sacré

Versets pour la préparation 1S. 1 :1-28 ; 2 : 1-21 ; 3 : 20-21 ; 7 :15-17 ; 10 :1 ; 16 : 12-13
Versets à lire en classe: 1S.2:1-10
Verset à mémoriser : Nul n'est saint comme l'Eternel ; il n'y a point d'autre Dieu que toi ; Il n'y a point de rocher comme notre Dieu. 1S.2 :2
Méthodes : Discours, comparaisons, questions
ut: Témoigner des bienfaits de Dieu

Introduction

Il n'appartient pas à tout le monde d'être reconnaissant. Autrement, le mot ingrat n'existerait pas. Aujourd'hui, nous allons prendre Anne pour exemple de gens reconnaissants.

I. Comme bénéficiaire d'un bienfait incontestable

1. Elle était stérile contrairement à Peninna, sa rivale qui était féconde. 1S.1 :4-5
2. Elle se tourmentait à cause de son état et surtout à cause des mauvais propos de sa rivale. 1S.1 :7
3. Cependant, puisque sa stérilité vient de Dieu, Dieu seul pourra la rendre féconde.
4. Un jour, elle alla au temple de Silo pour prier. 1S.1 :9-11
   a. Elle oublia Peninna et ses succès.
   b. Elle se débarrassa des pensées de haine ou de jalousie.
   c. Elle fit un vœu à Dieu. 1S.1 : 11

d. Dès lors, elle devient une toute autre personne. Elle mange, dort et grossit. Elle devient enceinte et enfanta le petit Samuel. 1S.1 :18, 20

II. **Comme bénéficiaire d'un bienfait inoubliable**
1. Elle présenta l'enfant au temple, accompagné de trois taureaux, du vin et de la farine comme offrandes à l'Eternel. 1S.1 :24
2. Elle le dédia toute sa vie à l'Eternel dans une attitude d'adoration. 1S.1 :28
3. Elle offre à Dieu un sacrifice d'actions de grâces qui décrit son état d'âme et toutes ses frustrations récompensées. 1S.2 : 1-10
4. Elle loue l'Eternel
   a. Pour sa sainteté. 1S. 2:1-2
   b. Pour sa justice. 1S. 2 :3
   c. Pour sa réhabilitation. 1S.2 :8
5. Chaque année, elle confectionne un habit sacerdotal pour son fils. En même temps elle monte au temple avec son mari pour apporter une offrande spéciale. 1S.2 : 19
   Quel exemple de fidélité dans la reconnaissance!

III. **Réponse de Dieu par un bienfait éternel.**
1. Dieu donna à Anne cinq autres enfants. 1S.2 :21
2. Samuel avait l'autorité sacerdotale et juridique sur tout Israël. 1S. 3 :20 ; 7 :15-17
3. Il succéda au sacrificateur Eli décédé. 1S.3 : 21
4. Il consacra Saul, puis David à la royauté. 1S. 10 :1 ; 16:12-13

Conclusion

Vous êtes stérile vous, qui, depuis votre conversion, n'avez jamais amené une âme à Christ. Soyez déprimé, angoissé comme Anne aujourd'hui jusqu'à ce que Dieu vous rende utile et fécond dans son œuvre. Alors, vous vous mettrez à côté d'Anne pour lui chanter une doxologie.

Questions

1. Qui était Anne? La femme d'Elkana et la rivale de Peninna.
2. D'où vient sa stérilité? De Dieu
3. Comment interpréter son état d'âme?
   Elle faisait des réflexions amères.
4. Quand a-t-elle pu enfanter?
   a. Quand elle a déposé son fardeau devant l'Eternel.
   b. Quand elle a cessé de regarder à sa rivale pour faire des vœux à l'Eternel.
5. Comment a-t-elle pu montrer sa reconnaissance envers Dieu?
   a. Elle amena l'enfant à Dieu au temple de Silo avec une offrande spéciale.
   b. Elle offre à Dieu un sacrifice d'actions de grâces, avec des chants de louange.

Leçon 11   Fête de la Bible

Versets pour la préparation : Ex.20 :7 ; 2Ti. 2 :19 ; 3 :16-17 ; 2Pi.1 :21
Verset à lire en classe : 2Ti.3 :16-17
Verset à mémoriser : Toute l'Ecriture est inspirée de Dieu, et utile pour enseigner, pour convaincre, pour corriger, pour instruire dans la justice. **2Ti.3 :16**
Méthodes : Discours, comparaisons, questions
But : Renseigner les chrétiens sur des faits purement bibliques.

Introduction
Une vue générale sur la Bible excitera certainement la curiosité des chercheurs. En êtes-vous un ? Eh bien, allons-y.

I. Qui est l'auteur de la Bible ?
1. C'est Dieu lui-même. Il inspire les écrivains bibliques. 2Pi.1 :21
2. La Bible, ce livre quatre fois millénaire, est un recueil de livres écrits par quarante auteurs différents, vivant en majorité à des époques différentes, écrivant dans un style différent sur une période de 1600 ans. Et pourtant elle reste une unité dans son apparente diversité parce que Dieu en est l'auteur et tous ses écrivains ne sont que des rédacteurs.

II. Ses rédacteurs.

1. Pour des exemples bibliques, nous avons différents ouvrages qui portent le nom de leurs auteurs.
2. Pour des exemples tirés de l'histoire, nous avons : La première traduction de la bible en anglais était faite par Jean Wycliffe et achevée par Jean Pruvey en 1388.
3. La première édition américaine parut en 1752.
4. La bible fut traduite en tout ou en partie dans l'année 1964 en plus de 1200 langues et dialectes.
5. Elle fut divisée en chapitres par Stephen Langdon en 1228. L'Ancien Testament fut divisé en versets par R. Nathan en 1448 et le Nouveau Testament par Robert Stephanus en 1551. La bible entière, divisée en chapitres et en versets, parut pour la première fois à Genève dans la bible de Genève en 1560.

III. Ses particularités

1. Dans son ensemble :
   a. La bible comprend 66 livres canoniques dont 39 dans l'Ancien Testament et 27 dans le Nouveau Testament.
   b. Le livre central de l'Ancien Testament est le livre des Proverbes de Salomon et dans le Nouveau Testament c'est la deuxième épitre de Paul aux Thessaloniciens.
   c. La bible contient 1189 chapitres dont 929 dans l'Ancien Testament et 269 dans le Nouveau Testament.
   d. Le nom de Dieu y est cité 4379 fois et le nom du Seigneur 7,738 fois.

2. Dans ses divisions en chapitres
   a. Le chapitre central dans l'Ancien Testament est Job chapitre 29 et dans le Nouveau Testament, Romains chapitre 13.
   b. Le chapitre le plus court est Psaume 117 et le plus long est le Psaume 119.
   c. Les chapitres semblables sont 2Roi.19 et Esaie 37 ; d'une part. Psaume 18 et 2Sam.22, d'autre part.
3. Dans ses subdivisions en versets
   a. L'Ancien Testament contient 23,214 versets et le Nouveau Testament 7,959
   b. Le verset central de la bible est le Psaume 118 :8
   c. Le verset central de l'Ancien Testament est 2Ch.20 :17. Celui du Nouveau Testament est Act.17 :17
   d. Le verset le plus court de la bible est Jn.11 : 35 et le plus long Esther. 8 :9
   e. Le mot le plus long de la bible est Maher-Shalal-hashbaz. (18 lettres) Esa.8 :1

Conclusion

Notre Dieu est un Dieu parfait, un Dieu de précision et de Parole. Que désormais personne ne prenne le nom de Dieu en vain. Quiconque prononce le nom du Seigneur, qu'il s'éloigne de l'iniquité. Ex.20 :7 ; 2Tim.2 :19

Questions

1. Combien d'auteurs ont écrit la bible? Quarante
2. Durant quelle période ? 1600 ans

3. En combien de langues et dialectes fut-elle traduite ? 1200
4. Qui a divisé l'Ancien Testament en chapitre et en quelle année? Stephen Langdon en 1228
5. Qui l'a divisée en verset et en quelle année ?
   R. Nathan en 1448
6. Qui a divisé le Nouveau testament en versets et en quelle année? Robert Stephanus en 1551
7. Quel est le livre central de l'Ancien Testament ?
   Proverbes
8. Quel est le livre central du Nouveau Testament ?
   2Thessaloniciens
9. Combien de chapitres la bible contient-elle ?
   1189
10. Combien dans chaque Testament ? 929 dans l'Ancien Testament et 269 dans le Nouveau Testament
11. Quel est respectivement le chapitre le plus long et le plus court de la Bible ? Le plus long Ps.117; le plus court Ps.119
12. Quel est le verset central de la bible ? Ps.118 :8
13. Quel est le verset le plus long et le plus court de la Bible ?
    Le plus long Est. 8 :9 ; le plus court : Jn.11 :35
14. Quel est le mot le plus long de la bible :
    Maher-Shalal-hashbaz. (18 lettres) Es. 8 :3

Leçon 12   La Nativité
Jésus, le sujet d'une haine ancestrale

Versets pour la préparation : Ge.27 : 41-42 ; 33 : 12-17 ; Ex. 17 : 8,16 ; No. 20 : 14-22 ; 1S. 15 : 1-2 ; Est. 3 :1 ; Mt. 2 : 1-23 ; Mc.6 : 16 ; Lu.23 :10-11 ; Ac.12 :21-24
Verset à lire en classe : Mt.2 :13-19
Verset à mémoriser : Il dit : Parce que la main a été levée sur le trône de l'Eternel, il y aura guerre de l'Eternel contre Amalek, de génération en génération. **Ex.17 : 16**
Méthodes : Discours, comparaisons, questions
But : Montrer comment Dieu défend son nom et son peuple.

Introduction
Qui aurait cru qu'un petit enfant, né dans un coin retiré de Bethléem, aurait été l'objet d'une haine ancestrale? La bible n'a rien caché de cette histoire qui a commencé avec Esaü et Jacob, il y a 1800 ans avant la venue du Seigneur.

I. La haine d'Esaü pour Jacob
1. Esaü voulut tuer Jacob son frère jumeau coupable d'avoir volé ses bénédictions.
2. Jacob, aidé de sa mère Rebecca, s'enfuit en Mésopotamie. Ge. 27 :41-42
3. Après 20 ans de séparation, Esaü alla à la rencontre de son frère. La méfiance demeure comme si l'évènement a eu lieu hier. Ge.33 : 12-17
4. Dans la crainte d'une attaque par traitrise, Jacob a refusé adroitement l'hospitalité de son

frère. Finalement, il glissa dans l'aile opposée pour ne plus avoir de dialogue avec son frère. Ge.33 : 11-17

5. La dernière fois qu'ils se sont vus étaient aux funérailles de leur père Isaac. La réconciliation n'a jamais pu avoir lieu et depuis, chacun fit son chemin. Ge. 35 : 27-29

II. La haine d'Esaü rebondit

1. Les enfants d'Israel furent réduits en esclavage pendant 430 ans dans le pays d'Egypte. Au jour de leur délivrance, la première personne venue pour les attaquer était Amalek, un descendant d'Esaü ou Edom. Ge. 36 :8, 12 ; Ex.17 : 8, 16
2. L'agression eut lieu à Rephidim, un endroit où les enfants d'Israël auraient beaucoup de peine à se défendre.
3. Heureusement leur Dieu est intervenu. Il sauva Israël, et déclara dès lors, une guerre perpétuelle contre Amalek. Ex.17 :16
4. Maintenant, après 40 ans de vie nomade, Israël va entrer en Canaan. La voie la plus indiquée est le chemin d'Edom. Il le supplia de lui livrer passage. Edom le menaça de coup au contraire. La haine persiste encore. No.20 :14-22

III. Confirmation du serment de l'Eternel.

1. Dans l'Ancien Testament.
    a. Le roi Saul devait livrer bataille contre Amalek. Dieu l'averti à l'avance de ne pas ménager son ennemi juré. Le roi Saul

perdit sa couronne et sa vie pour avoir épargné le roi Agag, un descendant d'Amalek. 1S. 15 : 1-2

b. Haman, un descendant d'Agag l'Amalécite, décréta la mort de tous les juifs vivant en Perse pour punir Mardochée, un juif, qui refusait de le saluer. Dieu vengea son peuple en reversant sur Haman, sur sa famille et sur le pays, tout le mal qu'il avait prémédité contre les juifs. Est. 3 :1

2. **Dans le Nouveau Testament**
   a. Le roi Hérode le Grand apprit des mages la naissance de Jésus. Il ordonna le massacre de tous les enfants au-dessous de deux ans pour s'assurer de la mort de Jésus. Dieu avertit Joseph et Marie de fuir en Egypte pour sauver l'enfant du carnage. Mt.2 :1-4,12-20
   b. Mais qui était Hérode? Il était Iduméen, c'est-à-dire un descendant d'Edom. Mc.3 :8 L'historien Josèphe rapporte qu'il mourut de la gangrène.
   c. Son fils, Hérode Antipas, tua Jean-Baptiste et humilia Jésus. Celui-ci mourut en exil au sud de la Gaule à Saint Bertrand de Commingues. Mc.6 :16 ; Lu.23 :10-11
   d. Le fils d'Hérode Antipas, Hérode Agrippa, tua Jacques et crut préparer une mort raffinée à l'apôtre Pierre. Dieu a sauvé Pierre miraculeusement. Mais Hérode mourut rongé de vers après un discours où il fut acclamé comme dieu. C'était jusqu'à

cette date, la dernière défaite des fils d'Esaü ou Edom, père d'Amalek. Ac.12 : 21-24

Conclusion

Si vous croyez maintenir une haine contre votre frère et vous venger de lui, vous êtes fils d'Amalek. Vous avez affaire à l'Eternel. Préparez-vous alors pour une guerre contre l'Eternel de génération en génération.

Questions

1. Combien de temps a duré la haine d'Esaü contre Jacob avant la venue du Seigneur ?
   Environ 1800 ans
2. Pourquoi cette haine ?
   Parce Jacob a volé les bénédictions d'Esaü, son frère.
3. Montrez que Jacob se méfie de son frère malgré les approches de celui-ci ?
   a. Il refusa adroitement l'hospitalité de son frère.
   b. Il enfila un chemin contraire.
4. Quand eut lieu leur dernière entrevue ? Aux funérailles de leur père
5. Qui était venu attaquer Les fils de Jacob après 430 ans de séparation ? Amalek, fils d'Esaü.
6. Qui était venu l'attaquer à nouveau après quarante ans de péripétie dans le désert du Sinaï?
   Edom, fils d'Esaü
7. Citez les attaques des fils d'Esaü sur Israël
   Dans l'Ancien Testament
   a. La bataille contre Agag, l'Amalécite.
   b. Le massacre des juifs en Perse préparé par Haman, l'agaguite

8. Citez les attaques des fils d'Esau sur Israël dans le Nouveau Testament
   a. Hérode le Grand voulut tuer l'Enfant-Jésus
   b. Hérode Antipas fils d'Hérode le Grand tua Jean-Baptiste et ridiculisa Jésus.
   c. Hérode Agrippa 1er tua Jacques et se prépara à tuer Pierre.
9. Comment mourut Hérode le Grand ? De la gangrène des parties génitales.
10. Comment mourut Hérode Agrippa 1er? Rongé par les vers
11. Comment mourut Hérode Antipas? Dans son exil à Commingues au sud de la Gaule.

Récapitulation des versets

1. La main de l'Eternel fut sur moi, et l'Eternel me transporta par son Esprit, et me déposa dans le milieu d'une vallée remplie d'ossements. Ez.37 :1

2. Ces nations craignaient l'Eternel et servaient leurs images ; et leurs enfants et les enfants de leurs enfants font jusqu'à ce jour ce que leurs pères ont fait. 2R.17 :41

3. Il me dit : Fils de l'homme, ces os pourront-ils revivre ? Je répondis : Seigneur Eternel, tu le sais. Ez. 37 :3

4. Ainsi parle le Seigneur, l'Eternel à ces os : Voici, je vais faire entrer en vous un esprit, et vous vivrez. Ez.37 :5

5. Ainsi parle le Seigneur, l'Eternel : Esprit, viens des quatre vents, souffle sur ces morts et qu'ils revivent ! Ez.37 : 9b

6. Eloigne de moi le bruit de tes cantiques ; je n'écoute pas le son de tes luths. Amo.5 :23

7. Du reste, que chacun aime sa femme et que la femme respecte son mari. Ep.5 :33

8. Quand les fondements sont renversés, le juste que fera-t-il ? Ps.11 :3

9. Mais revêtez-vous du Seigneur Jésus-Christ, et n'ayez pas soin de la chair pour en satisfaire les convoitises. Ro.13 :14

10. Nul n'est saint comme l'Eternel ; il n'y a point d'autre Dieu que toi ; Il n'y a point de rocher comme notre Dieu. 1S.2 :2

11. Toute l'Ecriture est inspirée de Dieu, et utile pour enseigner, pour convaincre, pour corriger, pour instruire dans la justice. 2Ti.3 :16

12 Il dit : Parce que la main a été levée sur le trône de l'Eternel, il y aura guerre de l'Eternel contre Amalek, de génération en génération. Ex.17 : 16

Table des matières

Avant-propos 1
Leçon 1 L'origine de la guérison divine 5
Leçon 2 Le principe de guérison divine 8
Leçon 3 Le processus de la guérison divine 11
Leçon 4 Une guérison divine téléguidée 14
Leçon 5 La guérison divine de l'aveugle-né, prix d'un acte de foi 17
Leçon 6 La guérison divine, prix d'un acte d'obéissance 20
Leçon 7 La guérison divine, prix d'un acte de courage ... 23
Leçon 8 Des guérisons divines d'un autre genre 26
Leçon 9 La guérison du démoniaque de Gadara 29
Leçon 10 La guérison divine du boiteux à la Belle Porte de Jérusalem 32
Leçon 11 Dimanche des Rameaux 35
Leçon 12 Dimanche de Pâques 38
Récapitulation des versets 41
Série 2 Le trousseau du chrétien 43
Leçon 1 La nécessité du trousseau 45
Leçon 2 La foi 48
Leçon 3 La bonté 51
Leçon 4 La connaissance 54
Leçon 5 La maitrise de soi 57
Leçon 6 La patience 60
Leçon 7 La persévérance 63
Leçon 8 L'amitié fraternelle 66
Leçon 9 L'amour 69
Leçon 10 Vérification des bagages 72
Leçon 11 Une mère honorable 76
Leçon 12. Un père honorable 79
Récapitulation des versets 83
Série 3 Témoins de Jésus-Christ et Témoins de Jéhovah 85
Similitude entre Dieu dans les deux Testaments 87

Leçon 1 Dieu, le seul témoin de lui-même 90
Leçon 2   Dieu dans sa fonction trinitaire 93
Leçon 3 Dieu le Père dans l'exercice de son pouvoir trinitaire 97
Leçon 4 Dieu le Fils dans l'exercice de son pouvoir trinitaire 101
Leçon 5 Dieu le Saint-Esprit dans l'exercice de son pouvoir trinitaire 105
Leçon 7 Le Dieu Trinitaire dans le plan du salut de l'homme (suite) 111
Leçon 8 Dieu le Fils dans le cadre de la Trinité 114
Leçon 9 Le Dieu Trinitaire dans la vie sociopolitique de l'homme 117
Leçon 10 Le Dieu Trinitaire dans l'eschatologie 121
Leçon 11 Le Dieu Trinitaire dans la fin de Satan 124
Leçon 12 Les rachetés, vrais témoins de Jésus-Christ. 127
Récapitulation des versets 130
Série 4 La vallée d'ossements 132
Leçon 1 L'hypothèse d'une armée décimée 134
Leçon 2 Conditions des ossements dans une vallée 137
Leçon 3 Ezéchiel étudiant dans une classe de physiologie animale 140
Leçon 4 Projet de rétablissement d'Israël 143
Leçon 5 Projet de rétablissement d'Israël (suite) 146
Leçon 6 L'Eglise d'aujourd'hui, une vallée d'ossements 149
Leçon 7 Les mariages dans la vallée d'ossements 153
Leçon 8 La jeunesse dans la vallée d'ossements 157
Leçon 9 La Réformation 161
Leçon 10 Thanksgiving : La reconnaissance, un devoir sacré 165
Leçon 11   Fête de la Bible 168
Leçon 12 La Nativité 172
Jésus, le sujet d'une haine ancestrale 172
Récapitulation des versets 177

Rev. Renaut Pierre-Louis

Esquisse Biographique

Pasteur de l'Eglise Baptiste à Saint Raphael,	1969
Diplômé du Séminaire théologique Baptiste d'Haïti,	1970
Diplômé de l'Ecole de Commerce Julien Craan,	1972
Professeur de langues vivantes au Collège Pratique du Nord au Cap-Haitien,	1972
Pasteur de la Première Eglise Baptiste au Cap-Haitien,	1972
Pasteur de l'Eglise Baptiste Redford, Cité Sainte Philomène,	1976
Diplômé de l'Ecole de Droit du Cap-Haitien,	1979
Fondateur du Collège Redford et de l'Ecole Professionnelle ESVOTEC,	1980
Pasteur de l'Eglise Baptiste Emmaüs à Fort Lauderdale	1994
Pasteur de l'Eglise Baptiste Péniel à Fort Lauderdale	1996

Pasteur militant pendant quarante-six ans, avocat, poète, écrivain, dramaturge,
Ce serviteur du Seigneur vous revient aujourd'hui avec "**La Torche Perçante**", un ouvrage didactique de haute portée théologique qui a déjà révolutionné le système d'enseignement dans nos Écoles Du Dimanche, et dans la présentation du message de l'Evangile.

"**La Torche Perçante**" vous est aussi présentée en livret trimestriel sans nous écarter de notre promesse de vous enrichir avec douze volumes empreints de variété et de profondeur.

Pasteurs de recherche, prédicateurs de réveil, moniteurs de carrière, chrétiens éveillés, prenez "La Torche" et passez-la.
2 Tim. 2:2

www.ingramcontent.com/pod-product-compliance
Lightning Source LLC
Chambersburg PA
CBHW071621080526
44588CB00010B/1218